낙엽이 져야 비로소 행복해지는

전민지 산문집

손가락 사이로 흘러내리는
고운 모래알 같은 단어를
스스럼없이 노래할 수 있도록

낙엽이 져야 비로소 행복해지는

 오랜만에 가까운 교외로 드라이브를 갔다. 정확히는 할아버지가 계신 호국원을 다녀온 날이다. 고속도로를 빠르게 달리는 차들 사이로, 저 멀리 산이 눈에 들어왔다. 빨갛고 노랗게 물든 나무가 듬성듬성 보였다. 어라? 벌써 가을인가? 그러고 보니 파란 하늘도 제법 높아진 것 같다. 내가 가장 우울해지는 계절이 찾아왔구나.

 난 적당한 우울함을 안고 사는 사람이다. 계절 따라 농도가 짙어지고 옅어진다. 비유하자면 마치 나뭇잎 같다. 새순이 나는 초봄에 싹 트기 시작하는 우울은 여름을 지나, 울긋불긋 단풍이 드는 가을에 만발한다. 붉은 가을의 절정이자 끝이고, 겨울의 시작을 알리는 시월. 한때는 가장 행복했고 한동안은 너무 아팠지만, 지금은 제일 애틋한 계절.

내 우울함이 만개하는 시월의 낙엽이 바스락 소리를 내며 하나둘 떨어지면 그제야 조금씩 기분이 좋아진다. 낙엽이 져야 비로소 행복해지는 사람이라는 말은, 이보다 명징하게 나를 설명할 수 없는 표현이다. 초봄부터 늦가을까지 버티던 우울이 낙엽과 함께 떨어져 나가면 그제야 행복한 겨울잠에 빠진다.

불행했던 적은 없다. 나는 내가 품은 적당한 우울을 무척이나 애정한다. 넘치지도 않고 부족하지도 않은, 이 적당한 수준의 우울함이 내 존재를 유지하는 힘이라면, 어쩌면 나는 나무의 삶을 살고 있을지도 모르겠다. 다만, 동해안 어느 해안도로의 소나무를 바라보며 사계절 내내 우울을 달고 사는 건 조금 버겁겠다는 생각을 한 적이 있다.

목차

봄

10 - 달을 좋아하는 아이
12 - 그때 나는 사랑이었다
16 - 그제야 한 이별
18 - 멍 때린다는 대답의 진실
20 - 인스타그램
22 - 함께였던 우리
24 - 끝나지 않는 에필로그
26 - 우주
29 - 이별이 힘든 이유
30 - 초대
32 - 사랑에 대해 말할 자격
34 - 트라우마
36 - 사랑은 무엇일까
38 - 네가 자꾸 동굴 속으로 파고든다면

여름

42 - 화장실
44 - 수연씨
46 - 비 오는 여름밤
50 - 이상은 높은데 현실은 시궁창이야
52 - 아빠의 뒷모습이 자꾸만 작아진다
54 - 차분한 사람이 될 수 있을까
56 - 한 남자
60 - 평생 상처를 주는 사람
64 - 어느새 어른
66 - 우리의 역할이 바뀌는 시간

70 - 초상
72 - 계단마다 꽈리꽃이 피었던 그 집
76 - 이모의 청춘 몇 권
80 - 태풍이 지나간 자리

가을

84 - 능소화
86 - 그저 운 좋은 B+ 인생
88 - 아프지 말자, 전부 다 돈이다
92 - 9년이 흐른 뒤
94 - 죽는다는 건
96 - 나른한 일요일 오후
100 - 고치 속의 나비
102 - 직감과 고집, 오기의 사이
106 - 실수
108 - 나는 핑계 속에 산다
110 - 보고 싶다
114 - 공감 능력 부족
116 - 인어공주
120 - 잘 버리기 위해서는 용기가 필요하다
122 - 상처

겨울

126 - 그래도, 그대로의 당신
130 - 마의 11분
134 - 제주 화순곶자왈에서
137 - 만두
138 - 대단한 사람
140 - 내가 선택할 수 있는 만큼만
146 - 성실함은 최고의 무기
149 - 사랑할 수 밖에
150 - 보잘것없는 안부
152 - 비둘기의 발
155 - 행복
156 - 나에게 쓰는 편지
158 - Hey Google
159 - 파도는 부서지기 마련이다

길어진 그림자보다
한 뼘 더 짙은 그리움
온세상이 빛을 잃어도
네 미소면 눈이 부신데
밤하늘에 별도 뜨지 않아

봄

달을 좋아하는 아이

 달을 좋아하던 아이가 있었다. 내가 버릇처럼 밤하늘의 별을 찾는 것과 같이, 그 아이는 늘 달을 보았다.

 "나는 저 별자리를 찾기 위해 일 년의 절반 이상을 기다려야 해. 입에서 하얀 김이 나올 즈음에야 만날 수 있거든."

 좋아하는 별자리가 머리 위에 뜬 늦가을 어느 밤이었다. 나는 열성적으로 손가락으로 별자리를 가리키며 이렇게 저렇게 연결해보라는 말을 덧붙였다. 그 아이는 제법 흥미로운 눈빛으로 별과 별의 사이를 연결하고 있었다.

"너는 달을 좋아하잖아. 나처럼 기다리지 않아도 되니까 매일 행복하겠다. 달은 매일 뜨니까."
"아니야. 나도 달을 기다려. 낮에는 보이지 않잖아. 그래서 달을 기다려."

 그 아이는 달을 기다렸다. 초승달부터 점차 차올라, 반달이 되고 보름날 가장 커지는 보름달을. 그리고 차차 작아져 그믐달이 되기까지. 매일 새로 떠오를 달을 낮 동안 간절히 기다리고 또 기다렸다. 그래서인지 그 아이는 파란 하늘에 뜨는 하얀 낮달을 가장 사랑했다. 문득 하늘을 올려다보았을 때, 없으리라 생각했던 달이 하얗게 빛나고 있는 날은 커다란 선물을 받은 것 같다고 말했다.

 무언가를 사랑한다는 건 기다림을 기꺼이 감내하는 것을 의미하는 게 아닐까? 내가 늦가을부터 초봄까지에 겨우 볼 수 있는 별자리를 일 년 내내 기다리는 것과 같은, 그 아이가 밤하늘의 달을 보기 위해 밝은 낮을 꾹 참아내는 것과 같은, 그런 기다림. 그 후에야 만나는 사랑의 대상은, 오랜 기다림이 있었기에 더욱 빛을 발하는 것이고.

 그날, 사랑은 별과 같다고 생각했다. 갈구하지 않는 것. 욕심부리지 않는 것. 간절히 바랄 수는 있지만 요구하지 않는 것. 어찌 되었건 나 혼자만의 감정이라는 것을 잊지 말 것. 별도, 달도 생떼를 쓰거나 고집을 부린다고 모습을 보이지는 않으니까. 어쩌다 상대도 내게 같은 마음을 보인다면 더없이 행복한 것. 그에 마음껏 감사할 것.

그때 나는 사랑이었다

 공고히 세웠던 비혼의 의지가 무너지는 순간은 누군가의 결혼 독촉도, 친한 친구의 청첩장도 아니다. 사랑했던 연인의 결혼 소식이다. 마음 한구석에 남아있던 미련이라는 감정이 톡 하고 튀어나와 온몸을 헤집고 다닐 때, 바로 그때다. 너와 결혼하고 싶은 건 아니다. 그저 그녀의 자리가 부러웠다. 네가 그녀를 보며 환히 웃더라.

 전에 네가 말했다. 네가 생각하는 사랑은 얼굴만 봐도 좋아죽고, 그 사람 생각하느라 하루가 어떻게 가는지도 모르고, 쉴 새 없이 두근거리고 떨리고 설레는 것이라고. 넌 사랑을 찾았을까. 네 옆에서 환히 웃는 그녀는 네 사랑일까.

나는 사랑이 아니라던 네 표정이 자꾸 떠올랐다. 차가웠다면 화가 날 텐데 그때 너는 슬퍼 보였다. 그래서 괜히 골이 났다. 머릿속을 둥둥 떠다니는 너를 떨치러 뙤약볕에서 자전거를 탔다. 요새 제법 건강해졌는지 도림천에서 안양천까지 한순간도 쉬지 않고 페달을 밟을 수 있었다. 목덜미를 타고 흐르는 땀이 티셔츠를 흠뻑 적셨다. 뚝뚝 떨어지는 미련이 몸까지 젖어든 기분이었다. 그다지 썩 유쾌하지 않았다.

 찬물로 샤워를 하고 젖은 머리도 말리지 않은 채 잠을 청했다. 며칠 잠을 통 자지 못했던 데다가 지난 밤에는 네 사진까지 보지 않았던가. 지친 눈을 억지로 감고 하루를 꼬박 잤다. 두어 시간마다 깨던 사람이 열두 시간을 넘게 잘 수 있다는 게 신기했다. 자도자도 졸린 사람은 현실로부터 도피하고 싶기 때문이라는 말을 어디서 주워들었던 기억이 났다. 깼다가 또 잠들기를 반복했다. 그런데 눈을 뜨자마자 떠오르는 건 너였다. 환장할 것 같았다.

 너와의 짧은 연애를 하던 당시, 나는 운전을 하지 않았다. 그래서 운전대를 잡았다. 너와 관련 없는 곳을 가면 좀 나아질까 싶었다. 생각을 정리하고 싶을 때마다 종종 가던 시화 방조제로 내비게이션을 찍고 무작정 액셀을 밟았다. 좋아하는 노래를 크게 틀고 밤 운전을 하니까 마음이 조금 편해졌다. 올 때마다 새로운 건물이 하나씩 들어서는 도로를 보면서 우리가 함께했던 시간이 얼마나 오래 전의 일인지 깨달았다. 빛 하나 없이 새까만 바다를 바라보면서 '널 지워야지'라는 생각만 반복했다. 네 생각을 하지 않겠다고 다짐하면서 나는 계속 너를 떠올렸다.

온몸이 아프다. 허리가 아프고 다리도 아프다. 눈도 뻐근하고 온종일 멍하다. 벌써 몇 년 전인데. 한참이 흘렀는데. 나는 왜 아직도 그 날에 머물러 있는지 모르겠다. 너 없이도 잘 산다고 생각했는데 오만이고 착각이었다. 가슴 한 켠에 남은 미련에 갑자기 이렇게 잠겨버릴 줄은 몰랐다. 잠이 오지 않아 다시 안정제를 먹어야 하는 상황까지 이르렀다. 네가 뭐라고 나는 이렇게 며칠을 앓고 있을까.

너를 만났던 그 짧은 시간. 되돌아보니 가장 나다웠던 시간이었다. 그래서 늘 전전긍긍했다. 네가 나를 나로서 좋아해 주길 바라던 날들이었으니까. 그때 나는 네가 생각하는 사랑이 순진하다 생각했다. 아니었다. 나도 네가 생각하는 사랑을 사랑이라 여겼다. 나는 네 얼굴만 봐도 좋아죽고, 네 생각에 하루가 어떻게 가는지도 몰랐다. 쉴 새 없이 두근거리고 떨리고 설렜던 것 같다. 나는 사랑이었고 너는 사랑이 아니었지만, 그 순간들이 그립다.

그제야 한 이별

 우연히 들어간 카페에서 네가 내 손에 쥐여주었던 것과 비슷한 꽃다발을 보았어. 사실 난 꽃 선물을 그리 썩 좋아하지 않아. 집에 가져가면 분명 엄마가 누구냐, 어디서 났냐, 물어볼 게 뻔하거든.

 그러면 내가 연애하고 있다는 걸 들킬 테고, 나의 모든 외출은 약간 눈치가 보이기 시작한단 말이야. 그래서 어쩌면 그날도 우리 엄마가 한 소리 하겠다며 웃었을지도 몰라.

 사실 엄마가 너에 대해 꼬치꼬치 캐물을 생각을 하니 입꼬리가 슬쩍 올라가더라. 좋았어. 자연스레 널 소개할 기회니까.

그런데 속상하게도 엄마는 내 방에 덩그러니 생긴 꽃의 정체에 관해 묻지 않더라. 그렇게 꼬박 10개월동안 내 화장대 위에 세워져 있던 그 꽃다발을 얼마 전에야 버렸어. 우리가 헤어진 지 8개월 정도가 지났는데 말이야.

난 내가 꽃다발을 버리기 전에 네가 돌아오리라 생각했어, 돌아온다는 표현이 조금은 우습지만. 그러니까 우리가 다시 연애라는 것을 할 거라고 생각했는데, 시간이 지날수록 너와 나의 마음의 온도가 다르다는 게 사무치게 느껴지더라.

그래서 버렸어, 네가 돌아오지 않을 거라는 걸 깨달아서.

어느 날 우연히 들어간 카페에서 네가 준 것과 비슷한 꽃다발을 발견하고, 난 그제야 너와 이별했어.

멍 때린다는 대답의 진실

드립 커피를 내리고 멍을 때리는 것.

그게 그 아이의 아침 루틴이었다. 대개 정오를 조금 넘기거나 혹은 그 직전이긴 했지만, 어찌 되었건 그 아이는 잠에서 깨면 커피를 내렸다. 내게도 다정하게 커피를 마실 거냐고 물었고 우리는 커피 두 잔을 테이블에 올려둔 채 의자에 앉아 담배를 피웠다.

지금 몇 시인지, 몇 시쯤 나가야 할지, 그러려면 언제 씻어야 할지 머릿속으로 계획을 세우다 그 아이를 바라보면, 걔는 초점이 없는 눈으로 벽도, 바닥도 아닌 어딘가를 보고 있었다.

"뭐 하고 있어?"
"응. 멍 때려."
"멍 때리는 게 어떤 거야?"
"그냥 머리를 비우는 거야. 아무 생각도 안 해."
"아무 생각도 안 하는 게 어떤 건지 모르겠어. 나는 머릿속이 항상 생각으로 가득해."
"민지야, 그냥 아무 생각을 안 하는 거야."

그 이후로 나는 종종 뭐하냐는 질문을 받을 때면 '멍 때린다'고 대답한다. 사실 아직도 그게 뭔지 모르겠다. 대답하면서도 '그게 뭘까? 어떻게 하는 걸까?' 머릿속에 물음표가 늘어간다. 초점 없이 대답하던 그 아이의 두 눈을 떠올리며 '멍 때리고 있어'라고 말한다. 그러면 더 이상의 질문이 이어지지 않는다.

어쩌면 걔도 멍 때리는게 뭔지 몰랐던 건 아닐까?
그냥. 그냥 한 대답은 아닐까.

인스타그램

 인스타그램을 뒤적거리다 네 연애 소식을 알게 됐다. 가슴팍이 뻐근해졌다.

 생선 가시가 목에 걸려 급히 밥 한 덩이를 꿀떡 삼켰을 때와 비슷한 기분이었다. 물고기 비늘을 구웠을 때의 비린내가 싫어 생선구이를 먹지 않지만, 그만큼이나 목구멍을 찌르는 가시도 싫다. 손바닥만한 액정을 바라보며 몇 년은 잊고 살던 그 느낌을 경험했다.

 시작이랄 게 없었던 관계, 그래서 끝이 없어도 이상할 것이 없던 사이. 그게 그렇게 가슴팍을 꽉 막고 있었나 보다. 이도 저도 아닌 사람이라는 것이.

 밥 한 덩이를 밀어 넣는다고 목에 걸린 가시가 사라질 리 만무하다. 그저 금세 괜찮아지리라는 믿음이 생길 뿐. 아마 난 금세 괜찮아질 것이다. 너 없이도 잘 지냈던 여느 날처럼 마음 한편에 자리한 네 존재가 다시 희미해지겠지. 목에 가시가 걸린다고 죽지는 않는다. 다시 밥 한 덩이 꿀꺽 넘기면 된다.

함께였던 우리

늘 바글거리는 1호선도 서울역을 지나면 한두 자리가 나곤 해. 잠이 부족했던 대학생 때는 단 몇 정거장이라도 앉아서 가겠다며 끔찍한 1호선에 몸을 싣곤 했어.

너와 함께 전철을 탔던 그 날도 금세 빈 자리가 생겼지. 드문드문 떨어져 있어서 나란히 앉지는 못했지만. 블루투스 이어폰을 사이좋게 나눠 끼고 한참 노래를 듣다 보니 저 멀리 앉아있는 네가 발을 톡톡 구르고 있더라.

내가 듣는 노래의 멜로디에 맞춰 네가 리듬을 타는 걸 보고 있다가 문득 우리가 함께라는 걸 깨달았어.

멀리서도 늘 내 곁에 있어 줘서
내가 혼자라고 느끼지 않게 해줘서
항상 고마웠어.

끝나지 않는 에필로그

 우리가 함께였던 시간은 한 권의 책이었다. 비록 새드엔딩일지라도 어찌되었건 우리의 이야기는 끝이 났다.

 살면서 여럿의 주인공을 만나 몇 권의 책을 썼다. 간혹 덮었던 책을 다시 펼쳐 비슷한 이야기를 써내려가기도 했지만, 대부분은 다시 펼칠 일 없다는 사실을 깨닫고 책장에 예쁘게 꽂아두었다.

 너는 멋있게 퇴장을 했다. 우리라는 단어가 존재했다는 것도 잊은 채 새로운 책을 쓰고 있을 것이다. 그러나 나는 여전히 우리의 책을 쓰고 있다. 네가 없는 빈 자리를 온몸으로 느끼며 끝 없는 이야기를 계속 써내려간다.

　네게서 헤어나오지 못하는 이 긴 시간을 에필로그라 불러도 될까. 주인공이 떠난 후에도 끝나지 않는 이 길고 긴 이야기를 뭐라고 말하는 것이 맞을까. 나는 언제쯤 이 책의 마지막 장을 덮을 수 있을까. 덮을 마음은 있는 걸까. 본문보다 더 길어진 에필로그를 혹자는 미련이라 부를테고, 다른 누군가는 순정이라 표현하겠지.

　네가 처음 왔던 계절, 네가 영원히 떠나간 계절이 다가온다. 찬 공기가 공허한 기분을 더한다. 오늘도 떠난 너를 그리워하다 잠이 든다. 사진 한 장 남기지 못한 미약한 마음을 다독이며 희미한 기억만 더듬는다. 추억 속 너는 날 보며 웃는다. 다행이다.

우주

"퇴근했어?"
"응, 집에 가는 길이야."

저녁놀이 아직 가시지 않은 어느 평일 저녁, 휴대폰 액정에 그의 이름이 떴다. 걸음을 재촉하며 전화를 받았다. 퇴근했냐는 그의 질문에 나는 집에 가는 길이라 대답했고, 어디냐는 내 물음에 그는 방금 집에서 나왔다고 말했다. 개인사업자인 그는 일정한 출퇴근 시간 없이 마음 내킬 때 일했다. 별다른 약속이 없는 한, 대개 해가 질 무렵에 사무실이나 카페로 향해 동이 틀 때쯤 귀가를 하곤 했다. 그날은 나와의 저녁 약속이나 친구들과 만날 일정이 없었기 때문에 아마 집 근처 카페를 가는 길이었을 것이다.

 너를 만나기 전까지는 '오늘도 수고했어'나 '힘들었지?'와 같은 소소한 대화가 힘이 된다는 것을 몰랐다. 늘 달콤하고 다정한 말투여서 그랬을지도 모르겠다. 어찌 되었건 애정이 묻어있는 네 목소리는 나의 피로를 덜어주는 영양제였다. 너와 대화를 하다 보면 매사 건조한 나조차 다디단 에너지가 솟아나곤 했으니까.

 새까만 밤에 네 생각이 났다. 메시지를 보냈다. 보고 싶다고, 지금 가도 되냐고. 네게서 답장이 왔다. 안 그래도 집에 가려던 차였다고, 와도 좋다고. 바로 택시를 타고 너희 집 앞으로 향했다. 저 멀리, 네가 보인다. 거의 다 도착했다는 내 메시지를 받고 네가 마중 나와 있었다. 택시에서 내리자마자 네게 안겼다. 너도 으스러지도록 세게 나를 안았다.

"보고 싶었어."
"나도, 나도 보고 싶었어."

 피곤에 젖어서일까, 오늘따라 더 달콤한 네 목소리를 들으며 하늘을 올려다보았다. 이맘때면 보일 텐데, 하고 중얼거리니까 네가 물었다. 무엇을 찾냐고.

"눈 좋아?"
"시력? 나쁘지는 않아. 왜?"
"저기 저 반짝이는 별 보여? 두 개."

"응."
"목성이랑 토성이야. 아래가 목성, 왼쪽 위가 토성."
"아, 진짜?"
"그리고 저거! 저거! 저 붉은 건 화성! 뻥 같지?"
"응, 뻥 같은데?"

 참나. 어이가 없어서 너를 흘겼다. 네가 하늘을 올려다보고 있었다. 내 눈에 우주가 담겼다. 목성이나 토성, 화성 같은 건 아무래도 좋았다. 그보다 더 대단한 존재가 내 앞에 있었다. 넌 우주였다.

 밤하늘을 사랑하다 보니 달 옆에 조그맣게 찍힌 점이 금성이라는 것을, 밝은 별이 적은 가을철에는 목성이나 토성을 보기 쉽다는 것을 알게 된 것처럼, 너를 사랑하다 보니 네 존재의 의미를 알게 됐다. 별보다 더 빛나는 네가 내게 얼마나 무한한 기쁨을 주는지.

 그땐 미처 몰랐다. 더없이 행복했던 그 날을 내가 얼마나 두고두고 기억하고 추억하게 될지. 그 시간 속에 파묻혀 한참을 헤매게 되리라는 것도.

이별이 힘든 이유

이별이 힘든 이유
세상엔 행복이 없는데
멋대로 행복했던 댓가

초대

 파주에는 자그마한 카페가 하나 있다. 나는 가끔 바람이 쐬고 싶거나 혼자 조용히 있고 싶을 때면 이곳을 찾는다.

 예전에 잠시 만났던 연인이 데려온 카페. 그 아이는 생각지 못한 장소에 곧잘 나를 데려가곤 했다. 당시 나는 차도 없고 장롱면허였기 때문에 차도 있고 운전도 하는 그 아이가 가자는 대로 따라갈 수밖에 없었다. 그 몇 안되는 장소들은 신기하게도 여전히 나에게 힘이 되어준다.

 내가 아는 장소에 누군가를 데려간다는 건 생각보다 무척 근사한 경험이다. 제주에서 만난 그를 내가 좋아하는 갤러리에 데려갔다. 몇 년 전 여름에 혼자 제주에 왔을 때 들렀던 갤러리였다. 작은 사각 프레임 안에 제주의 오름을 참 멋있게 담아낸 작가.

 갤러리에 함께 간 그는 육지 사람이지만 지금은 우도에 살고 있어, 어쩔 수 없이 나의 렌터카를 이용했다. 사실 만 26세가 되지 않아 동승자 운전 보험 가입이 불가능했다. 나는 그렇게나 어린 그를 데리고 그곳을 찾았다.

 운전을 하니 가고 싶은 곳에 마음대로 동승자를 데려갈 수 있다는 점이 좋았다. 그러나 한편으로는 이곳이 마음에 들지 않으면 어쩌지, 하는 아주 순수한 걱정이 스멀스멀 생겨났다. 뭐 어쩔 수 없지, 하는 배짱도 함께.

 다행히 그는 그곳이 퍽 마음에 든 눈치였다. 꼭 써야 한다며 강요한 방명록에 삐뚤빼뚤한 글씨로 나름의 감상평을 남기기도 했다. 물론 나는 그 감상을 읽지 못했다. 부끄럽다며 방명록을 읽으려는 나를 필사적으로 막아섰다. 그는 악필이다.

 혼자 갔던 곳에 누군가와 함께 가는 일은, 나의 시간과 추억에 그를 초청하는 것과 같다. 제주에 자리한 그 갤러리에 대한 기억에는 이제 나 혼자가 아닌, 그와 내가 있다. 조금 더 오래, 더 많이 그가 내 시간에 함께 했으면 좋겠다고 생각했다. 그리고 나를 본인의 공간에 초대했던 옛 연인도, 나와 같은 마음이었기를 바랐다.

사랑에 대해 말할 자격

 어느날, 그런 생각을 했다. 사랑을 말하려면 사랑을 해야 하지 않을까. 지금의 난 사랑에 대해 말할 자격이 있을까.

 누군가를 향한 무한한 애정과 신뢰, 쉴 새 없이 두근거리는 심장과 눈물이 차오를 만큼의 설렘, 머리끝까지 치밀어 오르는 분노와 그러다 기어코 바닥을 드러낼 인내심까지. 이성이랄게 조금도 끼어들 틈이 없는, 오직 감정과 감성으로만 이뤄진 세상에 풍당 빠져 본 게 언제였더라.

 어쩌면 나는 마치 심해처럼 너비와 깊이를 가늠할 수 없는 감정이

수렁으로 변해, 그 안에서 또다시 허우적댈까 봐 미리 겁을 내고 있는 건 아닐까. 같은 방향을 향해 달리는 안정감을 느끼다가도 결국엔 영영 만나지 못할 듯한 평행선 같은 관계임을 알면서도, 그럼에도 불구하고 선택하는 것이 사랑이 아닐까.

내가, 사랑을 하지 않는 내가, 사랑하지 못하는 내가 하는 이야기는 그저 그 언젠가의 한 조각을 떼어다 그리워하는 꼴이구나. 과거의 잔상에서 허덕이고 있을 뿐이구나. 그동안 사랑을 너무 많이 내뱉어서 이제는 말할 사랑이 없어진 건가.

사랑에 관해 쓰기 위해서라도 사랑을 해야겠다는 생각을 했다.

―――
트라우마

 이전 연애는 일종의 두려움을 낳았다. 그로 인해 내 손발은 점점 묶여갔다. 이를테면 조바심이나 자만, 무관심 같은 것들.

 무관심은 우릴 좀먹었고 날 동동거리게 했다. 조바심은 관계를 어그러뜨렸고 자만은 나를 망가트렸다. 되풀이되는 현실에 두려움이 생겼다. 머리로는 알아도 가슴으로는 쉽지 않던 일들.

 이제 내게는 오롯이 너와 나, 우리 둘만 존재하던 시간이 없다. 아득히 먼 과거의 일이기만 하다. 만약에, 아주 만약 우리가 조금 더 어렸더라면 과거의 연애가 우리의 발목을 잡지 않았을까.

난 더이상 조바심에 발을 구르지 않고 넌 나를 계산하지 않았을까.
좋다는 마음 하나만으로 존재하던 그 시절이었다면 우린 어땠을까.
멍청한 생각에 잠을 못 이루는 밤이, 서른이 넘어버린 내게도 있다.

사랑은 무엇일까

사랑은 무엇일까.
사랑한다는 말 속에서 존재할까.
사랑한다고 말하지 않으면 사랑이 아닌가.

 영화나 책을 선택할 때, 지금 내게 결핍된 감정을 채우려는 욕심이 생길 때가 있다. 영화 〈사랑과 영혼〉을 볼 시기의 내가 그랬다. 연애를 하고 있지만, 사랑이 무엇인지 전혀 모르겠던 때. 가슴이 미어질 정도로 절절한 사랑 영화를 보면 사랑에 대해 조금이나마 이해할 수 있을 줄 알았다.

결론부터 말하자면 실패했다. 내 고민은 더 깊은 미궁으로 빠졌다. 영화 속 주인공 둘은 나를 본뜬 모습이었다. 어린 날의 나는 몰리처럼 거리낌 없이 사랑을 말했고, 지금의 나는 샘의 'Ditto'처럼 사랑 대신 '나도'라고 대답한다. 언제부터인가 먼저 사랑을 고백하는 일도 없어졌다.

내가 사랑을 말하지 않는 이유는 선명하다. 세상을 가득 메운 사랑한다는 말이 쉽고도 가볍게만 느껴져서, 그 속의 의미마저 흐려지고 탁해졌다. 사랑이 사랑으로 온전히 존재하지 못하는 듯하다. 그래서 사랑한다는 말의 뜻을 모르겠다. 단순히 설렘을 고백하기 위한 것인지, 상대나 내 마음의 안정을 위한 것인지, 사랑한다는 말 자체가 무엇을 의미하는지 도통 알 수가 없다.

사랑한다고 말해야만 사랑일까. 사랑한다고 말하지 않으면 사랑이 아닌가. 샘의 'Ditto'도, 나의 '나도'도 모두 사랑인데. 분명히 사랑이고, 사랑이었다. 사랑을 말했다. 사랑을 의미했다. 거짓 없이 사랑이었다.

샘이 말했다. 모두 '사랑해'라고 말하지만 무의미하다고. 아마 나도 샘처럼, 한참 뒤에 후회할 것이다. 그제야 '사랑해'라고 말하겠지. 예고 없던 이별에 사그라지지 못한 미련을 안은 채, 고작 상대의 'Ditto'를 기대하며.

네가 자꾸 동굴 속으로 파고든다면

네가 자꾸 동굴 속으로 파고든다면
까짓것 쑥과 마늘 사 들고 찾아가지 뭐.
억지로 동굴 밖으로 잡아끌지 않고
네가 나올 때까지 기다리고 기다릴게.

쑥 다발 들고 동굴 앞에 가만히 서 있으면
혹시 아나, 네가 동굴 안으로 나를 쑥 잡아끌지.

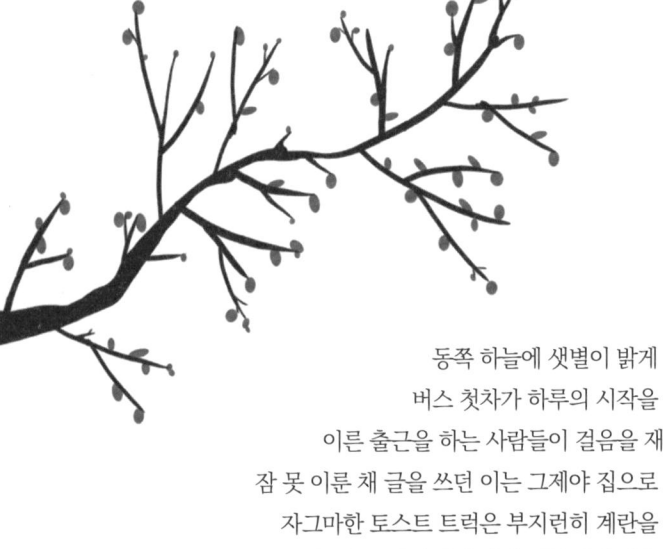

동쪽 하늘에 샛별이 밝게 빛나면
버스 첫차가 하루의 시작을 알린다
이른 출근을 하는 사람들이 걸음을 재촉하고
잠 못 이룬 채 글을 쓰던 이는 그제야 집으로 향한다
자그마한 토스트 트럭은 부지런히 계란을 부치고
청소부들이 지난밤 취한 이들의 흔적을 지우는
고요하지만 분주한 새벽녘

모두가 잠든 사이
여름밤 매미는 쉼 없이 울었고
밤새 불빛이 꺼지지 않은 이 거리의
시곗바늘도 바삐 움직였다

여름

화장실

처음 우리 집에 이사왔을 적 내 나이는 초등학교 2학년 즈음이었다. 그러니까 우리집은 20년이 넘은 오래된 빌라다. 기역자 모양의 독특한 화장실에는 자그마한 창이 있는데, 창 하나를 안방 화장실과 나눠쓴다. 그러다 보니 낮에는 변기가 있는 곳은 밝지만 샤워기가 있는 공간은 다소 어두운 느낌이다. 샤워를 할 때는 낮에도 습관적으로 불을 켜곤 한다. 하루는 큰 일을 보고 샤워를 할 생각으로 화장실에 들어가면서 불을 켜야 할지, 말아야 할지 고민하며 엄마에게 말했다.

"엄마, 똥을 쌀 때는 불을 안 켜도 샤워할 때는 불을 켜게 돼. 불을 안 켜고 샤워해도 될 정도로 충분히 밝은데 왠지 세상에 홀로 버려진 느낌이야."

"너랑 민정이는 참 이상하다. 내가 사랑을 안 준 것도 아닌데 왜 대체 버려진 느낌을 받는 거야? 그것도 화장실에서?"

"글쎄. 엄마가 사랑을 듬뿍 주면서 키워서 그런거 아닐까. 지나치게 사랑해줘서 사랑이 없는 세상이 무서운거야."

 엄마의 말에 별 생각 없이 대답 하면서, 어쩌면 진짜일지도 모른다는 생각을 했다. 엄마는 나에게 항상 분에 넘치는 사랑을 주었다. 나는 참 뻔뻔하게도 아무 조건도 없이 엄마의 사랑을, 아빠의 애정을 받고 자랐다. 낯선 이를 어려워하면서도 그런 티를 내지 않을 수 있는, 어른들에게 참 서글서글하다는 칭찬을 받을 수 있는 지금의 나를 만든 건 엄마의 사랑이라는 걸 절대 의심하지 않는다.

수연씨

 나는 종종 엄마를 수연 씨라고 부른다. 받을 수, 예쁠 연을 쓰는 이름이다. 예쁨 받는 삶을 살라는 의미라고 한다. 사실 그녀의 이름은 수연이 아니다.

 수연 씨의 주민등록상 이름은 덕임이다. 덕 덕, 맡을 임. 군산에서도 한참 들어가야 하는 시골 마을에서 태어난 사 남매의 맏딸 이름으로 적당하다. 외할머니와 외할아버지는 수연 씨가 국민학교 다닐 적 서울에 올라와 봉천동에 자리를 잡았다.

 수연 씨는 봉천동의 쑥고개를 넘으며 중고등학교를 다녔다. 아직도 가끔 근처를 지날 때면 겨울철 빙판길이 된 쑥고개를 넘는 것이 얼마나 고역이었는지 열심히 설명한다.

여하튼 수연 씨는 어느 날 갑자기 새로운 이름을 선포했다. 내가 스무 살이 되었을 즈음이었다. 복잡한 절차를 그다지 달가워하지 않는 수연 씨는 개명할 생각까지는 없었다.

"이제 내 이름은 이수연이야."
"왜?"
"처녀 적에 어떤 분이 나를 보더니 고생 많이 하는 이름이라고, 이제 예쁨 받고 살라면서 지어줬어."

나는 그 때 수연 씨가 개명을 했어야 한다고 생각한다. 수연 씨는 결혼을 하고도 이십 년 가까이를 덕임으로 살았고 덕 덕 보다는 맡을 임에 더 집중된 생활을 했기 때문이다. 수연 씨에게는 맏며느리, 맏딸, 엄마의 역할이 주어졌고 그녀는 맡은 임무를 참 충실히, 그리고 완벽하게 해냈다.

만약 수연 씨가 수연 씨로 살았다면 그녀에게 주어진 임무가 조금은 적지 않았을까, 그리고 책임감보다는 더 많은 사랑을 느낄 수 있지 않았을까 싶다. 그래서 나는 종종 엄마라는 명사 대신 그녀를 수연 씨라고 부른다. 사랑을 듬뿍 담아.

비 오는 여름밤

　벌써 이 주째 비가 온다. 내 작은 집에도 빗소리가 들이친다. 큰방 창문은 베란다로 나 있어 방문을 닫으면 바깥소리가 잘 들리지 않는다. 그럼에도 빗소리가 들이친다. 며칠 전에는 우렁찬 천둥소리 때문에 달콤한 낮잠에서 깨기도 했다. 집이 웅웅 울리는 경험은 처음이다. 만약 이 집이 30년 된 구옥이 아니었다면 부실 공사가 아닐까, 의문이 피어올랐을 법한 소리였다. 새벽녘에도 한차례 깼으니 날이 유달리 궂었던 듯싶다.

　옷방은 습기가 가득 찼다. 전에 세 들어 살던 이의 엉망인 생활 습관 때문에 곰팡이가 폈던 곳이다. 곰팡이를 제거하고 방지하는 도배지를 발랐는데도 걱정스럽다. 들어설 때마다 어항 같다는 생각이 든다. 빨래도 잘 마르지 않아 얼마 전 제습기를 하나 구매했다. 작은 집이라 필요 없다고 생각했던 물건들이 하나둘 늘어간다. 혼자라 최소한의 짐으로 생활하고 싶었지만 어쩔 수 없이 맥시멈 리스트가 되어간다.

 궂은 날씨가 이어진다는 핑계로 최대한 외출을 자제하고 있다. 보따리상처럼 온갖 잡동사니를 가방에 쑤셔 넣고 다니는 성격 탓에 비가 오는 날에는 외출이 쉽지 않다. 우산을 써도 가방은 늘 젖는다. 짧은 바지나 치마를 즐기지 않는 터라 옷을 고르는 것도 일이다. 젖어도 티가 안 나는 혹은 젖지 않는 길이의 바지를 골라야 하는데, 옷이 몇 없어 장마철에는 단벌 신사가 되기 일쑤다.

 우산을 챙기는 것도 귀찮다. 우산꽂이가 마련된 카페나 식당에 가면 그곳을 나서는 순간까지 노심초사다. 밥을 먹어도, 커피를 마셔도 시선은 우산꽂이 속 내 우산 손잡이를 향한다. 누가 내 우산을 가져가진 않을까, 굉장히 좋아하는 건데. 좋아한다기에는 그냥 까만 장우산일 뿐이지만 행여 잃어버리면 무척 속상할 것 같다. 싫다, 내 물건을 잃어버리는 건.

 비가 오면 담배 피우는 것도 일이다. 고개를 꺾어 어깨에 걸친 우산을 지탱하고 담배에 불을 붙여야 한다. 비 오는 날에는 대개 바람도 함께 불기 때문에 라이터 불이 여러 번 꺼지기도 한다. 이렇게까지 담배를 피워야 한다는 게 조금 짜증 나지만 어쩌겠는가. 끊지 못한 내 탓이지. 왼손에 우산을 들고 어깨에 멘 가방을 앞춤으로 끌어

당긴 채 담배를 피운다. 일단 담배에 불을 붙이면 아까의 수고는 사라진다. 그래도 비가 오는 날 담배 피우는 건 일이다.

 여하튼 요새 난 그렇다. 지난주에는 3일이나 밖에 한 걸음도 나가지 않았다. 며칠 담배도 태우지 않았다. 담배를 새로 사러 나가기조차 귀찮았던 것이 이유다. 그렇게 금연을 이어갔다면 좋았으련만 병원이라던가 학원 등의 이유로 나는 외출을 해야만 했고 자연스레 편의점을 찾았다.

 물은 높은 곳에서 모여 낮은 곳으로 흐르는 성질이 있다. 빗소리를 가만 듣고 있으면 나름의 규칙성이 있다. 처마의 가장 낮은 곳에서 떨어지는 빗방울이 슬레이트 지붕에 떨어지는 소리와 담벼락에 떨어지는 소리는 다르다. 둔탁한 마찰음과 경쾌하게 울리는 소리가 제법 규칙적이다. 한 가지 생각에 몰두하고 싶을 때 꽤 도움이 된다. 요 며칠 대개 집안에서 비를 마주한 나는 빗소리를 배경 삼아 여러 생각에 빠져들곤 했다.

 집 앞 작은 골목을 흠뻑 적신 비는 집안을 가득 메우다 못해 마음까지 젖어 들게 만든다. 한 걸음도 밖을 나가지 않아도 비에, 빗방울이 만드는 선율에, 그 선율을 따라 골몰하는 시간에 잠식되어가는 여름이다.

이상은 높은데 현실은 시궁창이야

 우연히 서랍장을 하나 만들었다. '언젠가 가구를 하나 만들어야지' 늘 생각만 하던 일인데 예정보다, 그리고 계획보다 이르게 그럴싸한 서랍장을 하나 만들게 되었다. 서랍장을 만들고 나니 욕심이 생겼다. 책상을, 의자를, TV 받침대를 만들고 싶어졌다. 그럴싸한 서랍장을 하나 만들었으니까 다른 가구도 그럴싸하게 만들 수 있지 않을까. 한없이 높아진 자존감과 자신감, 그리고 약간의 자만이 더해진 터였다.

 그 욕심은 무려 2년이나 나를 괴롭혔다. 목표가 너무 높았다. 고작 서랍장을 만들어본 경험이 있는 사람인데, 그마저도 잘 만들었다고 자신하기 어려운데. 흔히 말하는 이상은 높은데 현실은 시궁창인 상태로 2년을 보냈다.

 생각을 고쳤다. 서랍장을 만들면서 책상과 의자, TV 받침대의 설계도를 그리면 되는 거 아닐까? 다시 서랍장을 만든다 해서 손가락질할 사람은 아무도 없었다. 오직 나 하나뿐이었다.

 그래서 다시 서랍장을 만들어야겠다고 생각했다. 내 서랍장을 보고 감탄한 이들이 있으니까, 그건 어설플지라도 꽤 괜찮은 서랍장이었다는 뜻이니까. 계속 무언가를 만드는 사람이라는 것이 새로운 것을 만드는 것보다 더 중요할 수도 있겠다는 생각이 들었다. 더 구체적으로, 더 세밀하게 더 괜찮은 서랍장을 만들면 된다.

 보잘것없는 글이라고 표현하던 첫 산문집 〈서른도 어른이라면〉은 우연치 않게 만들었지만, 꽤 괜찮았던 서랍장이다. 누군가는 웃었고 누군가는 울었다. 아껴 읽는다는 이가 있었고, 힘든 날에 내 책을 꺼낸다는 사람이 있었다. 내게 무척이나 힘이 되던 메시지를 잊고 살았다. 욕심만 낸 채 제자리였다. 짜잔- 하고 새로운 글을 선보이기에 앞서 내가 쓸 수 있는 글을 꾸준히 쓰는 일이 우선이다.

 2년 만에 다시 글을 쓴다. 머릿속을 부유하던 단어들을 모아 문장을 만들고, 문장을 엮어 글을 쓰는 일이 이토록 매력적인 일이라는 것을 잊고 있었다. 우리가 아직 노래하지 않은 단어들이 주는 행복을 잃지 말아야지.

아빠의 뒷모습이 자꾸만 작아진다

 입원이 예정된 날이었다. 아침 아홉 시를 앞두고 병원에서 전화가 왔다. 오후 두 시부터 입원할 수 있다기에 서너 시 경에 도착하겠다고 말했다. 엄마에게 메시지를 보내 두 시쯤 만나기로 하고 다시 단잠에 빠졌다. 입원하기 전에 해야 할 일이 있어 새벽 다섯 시에야 겨우 잠이 든 상황이었다. 열두 시쯤 일어나 일을 마무리하고 전날 미처 꾸리지 못한 짐을 쌌다. 속옷과 양말을 넣고 노트북과 책을 챙겼다. 마지막으로 휴대폰 충전기를 가방에 쑤셔 넣고 집을 나섰다.

 때마침 도착한 아빠 차를 타고 병원으로 향했다. 입원 수속을 마치고 보니 상주 보호자 1인만 들어올 수 있단다. 어쩔 수 없이 아빠에게 지하 아케이드에서 기다리라고 말했다. 아빠는 알겠다며 뒤돌아 계단을 걸어 내려갔다. 아빠의 뒷모습이 슬펐다. 아빠는 늘 그런 역할이다. 난생처음 수술하는 자식이 걱정돼서 한달음에 달려와도 늘 엄마 다음이다. 엄마에게 기꺼이 보호자 자리를 내주고 뒤돌아선다. 서운한 기색 하나 없이.

 단 한 번도 혼자 들어선 적 없을 카페에서 낯선 이름의 메뉴를 시키고 멀뚱멀뚱 앉아있을 아빠 생각에 마음이 쓰였다. 당장에라도 달려가 아빠 옆에 앉아있고 싶었지만, 수술 전 교육 때문인지 코로나 예방 때문인지 외출이 안된다는 말을 들었다. 엄마에게 아빠한테 내려가 있으라고 교육이 시작되면 연락하겠다고 했지만, 엄마는 빵 한 조각만 사서 금세 올라왔다. 아빠는 이름도 모르는 음료를 한 잔 다 비우고 앉아있다고 했다. 입에 맞지 않은 음료를, 돈 아깝다는 이유로 억지로 다 마신 건 아닐지 속상했다.

 간호사 선생님께 여쭤보니 교육은 환자 혼자 들어도 된다고 했다. 수술 날 온종일 병원에 있으려면 힘들 거라며, 오늘은 어서 가서 쉬라는 말로 엄마를 서둘러 돌려보냈다. 엄마는 연신 내일 몇 시 수술인지 알게 되면 연락하라고 말하며 자리를 떴다.

 첫 입원. 첫 수술. 병원놀이처럼 실감 나지 않던 하루는 아빠의 뒷모습만 진하게 남았다. 아빠의 뒷모습이 자꾸만 작아진다. 작아진 아빠의 등이 마음을 찌른다. 우리가 더 오랜 시간 함께 할 수 있기를 간절히 바란다.

차분한 사람이 될 수 있을까

 수술 후 첫 외래 진료가 있는 날, 과감히 연차를 썼다. 평소 같으면 오전에는 출근해 업무를 처리하고 오후 반차를 썼겠지만 그러지 않았다. 수술 이후 망가진 수면 패턴으로 아침에 일어나는 것이 유달리 고역이기 때문이다. 적어도 이런 날에는 조금 더 늦장을 부리고 싶다. 비록 아침마다 챙겨야 하는 호르몬 약 때문에 통잠이 불가능할지라도.

 점심을 간단히 먹고 병원에 가려고 신촌역에 내렸다. 좋아하는 라멘집에서 식사를 할 생각에 설렜는데, 문을 닫아 허탈하게 발걸음을 돌려야 했다. 코로나바이러스 때문에 유동인구가 줄어든 게 이유일까. 진료 시간이 얼마 남지 않아, 근처에 보이는 도시락 가게에 들어가 메뉴를 골랐다. 맛이 없었다. 약을 먹어야 하니 꾸역꾸역 밥을 입에 넣었다. 전혀 즐겁지 않았다.

갑상선에 있던 자그마한 혹은 암이었다. 인근의 림프절까지 조금 전이가 되었지만, 다행히 모두 절제했기 때문에 걱정하지 않아도 된다고 했다. 교수님은 수술 부위의 예후도 좋으니 호르몬 수치가 올라올 때까지만 조금만 더 지켜보자며 나를 다독였다. 움직이면 숨이 가쁘고 가끔 손발이 저릴 때가 있지만, 내가 보기에도 부기도 없고 기침이나 가래도 많지 않다.

교수님께 그간 궁금했던 점을 여쭤보려는데 마치 바보가 된 것 같았다. 내가 말하려는 게 뭔지 바로 떠오르지 않아서 한참을 멍청히 있었다. 생각과는 다른 단어가 불쑥 튀어나와 '아 그게 아니라'를 두어 번쯤 말했다. 뇌는 아직 마취 상태인 걸까? 간호사 선생님이나 보험사 상담원과 대화할 때도 증상은 계속됐다. 느릿한 말투와 어리숙한 목소리로 이야기를 나눴다. 생경한 내 모습이 답답하기보다는 신기했다. 나도 이렇게 천천히 말할 수 있구나. 어디 가서 말 못한다는 소리는 들어본 적 없으니, 한동안 나를 만나는 지인들은 이런 내 모습이 생소하겠지.

이번 기회에 여러 번 차근히 사고하는 습관이 자리 잡았으면 좋겠다고 생각했지만, 급한 성격은 어찌할 수가 없나 보다. 보험사 상담원이 보험금 청구에 필요한 서류를 4시간째 메시지로 보내주지 않아 답답하다. 전화하고 싶다. 차분한 사람이 되긴 글렀다.

한 남자

 한 남자를 안다. 알면 알수록 재미있고 신기한 남자다. 그 남자는 외국 영화를 좋아한다. 한국 영화는 별로라며 채널을 돌리지만, 영화관에 가진 않는다. 그저 TV에서 해주는 외화만 볼 줄 안다. 그는 헐리우드 영화도 좋아하고 중국이나 홍콩 영화도 종종 본다. 치고 박고 싸우는 영화도, 외계인이 나오는 영화도, 전쟁 영화도 한국 것이 아니라면 흥미롭게 본다. 며칠 전에는 인도 영화를 보고 있었다.

 남자는 진짜 영화를 좋아하는게 맞다. 제목을 기억 못할 뿐이지. 한 번은 〈분노의 질주〉 시리즈를 보면서 내게 "저 빡빡이와 이 빡빡이는 가족이야. 쟤가 얘 매제." 라고 설명했다. 서양인들이 나오는 영화에 '매제'라는 단어가 나오는 것이 신선했거니와, 내 눈에는 전부 덩치 큰 빡빡이인데 어떻게 구분하는 것인지 의아했다.

 남자가 TV를 보지 않을 때엔 컴퓨터 앞에 앉아 유튜브로 역사와 우주에 대한 다큐멘터리를 본다. 조만간 한국사 시험을 준비하거나 나사(NASA)에 들어갈 예정인 게 분명하다. 생각해보니까 〈인터스텔라〉는 두세 번 보고야 이해했다고 했으니 나사는 아닌가보다. 유튜브를 보지 않을 때는 네모네모로직 게임을 하거나 오래된 휴대폰 게임을 하기도 한다. 삼국지를 사랑하고 손자병법을 좋아하는 남자. 아는 것도 참 많고, 세상 만사 관심도 많은 남자가 있다.

 그 남자가 뛰었다, 내게서 등을 돌리고. 골목 어귀에서 차를 돌리려는 택시를 향해 뛰어갔다. 저 택시를 놓치면 내가 큰 길까지 걸어 나가야 할까봐. 바보. 어플로 부르면 되는데. 남자는 그런 건 모른다. 나는 남자가 잡아 온 택시를 탔다.

"아버지이신가봐요."
"네."
"딸을 많이 사랑하시나 봐. 딸 택시 못 탈까 봐 막 뛰어오시던데?"

 주머니에 손을 넣고 쫄래쫄래 뛰어가던 남자의 모습이 떠올랐다. 천성이 느긋한 남자. 운전할 때 화 한 번, 짜증 한 번 부리지 않는 남자. 횡단보도 초록불이 깜빡이면 뛰지 않고 다음 불이 켜질 때까지 기다리는 남자. 그런 남자의 뜀박질. 맞아, 그 느긋한 남자가 달려갔지. 눈물이 터졌다.

"저희 아빠가 뭐라고 하셨어요?"
"나가는 차냐고. 그래서 그렇다고 타시라고 했더니 그럼 됐다고, 위로 올라가자고 하시던데요? 저기에 탈 사람 있다고."

마스크가 흠뻑 젖었다. 술 기운이 참 독하다. 이유 없이 사람을 울린다. 남자가 뛴 보람이 있어서 다행이라고 생각했다.

나를 위해 뛰어주는 남자를, 난 살면서 몇 명이나 만날 수 있을까? 더구나 있는 힘껏 달려가주는 남자는 유일하지 않을까? 오로지 나만을 위해 달리던 남자의 뒷모습이 눈 앞에 선하다. 두고두고 잊지 못할 것 같다.

평생 상처를 주는 사람

 술을 좋아한다. 여럿이 모여서 왁자지껄 마시는 술보다 한두 명이 모여 조곤조곤 이야기를 나누며 한두 잔 나누는 걸 참 좋아한다. 그러다 보면 계획보다 귀가가 늦어질 때가 많다. 자정보다 일출이 더 가까울 법한 시간에 집에 들어서면 아빠는 한숨도 자지 않은 채 뜬 눈으로 나를 기다렸다. 잠귀가 밝은 엄마는 현관 비밀번호를 누르는 소리에 잠이 깨곤 했다.

"다녀왔습니다."
"일찍 일찍 다녀."
"네."

건조한 목소리에 담긴 걱정을 알면서도 모르는 척했다. 사랑하는 사람이 애달프다는 걸 알면서도 그때는 술과 친구가 더 좋았다. 어리석었다. 철없는 시기는 서른 즈음까지 이어졌다. 어릴 때는 친구를 핑계 삼더니, 직장인이 된 후에는 회식 때문에 매번 귀가가 늦었다. 그도 아니면 홀로 마신 술기운에 잠이 들곤 했다. 자정을 훌쩍 넘긴 시간에 집에 들어설 때마다 아빠는 여전히 뜬 눈으로 나를 기다렸고 엄마는 매번 잠에서 깼다.

그러다 공황장애를 앓았다. 술도, 외박도, 담배도, 뻔뻔하게 핑계 같지 않던 핑계를 대던 내가 그때는 엄마아빠의 얼굴을 볼 자신이 없었다. 행여나 가진 것 없는 부모라는 자책을 할까 봐 단 한 마디도 나눌 수가 없었다. 부모의 자랑이 되고 싶던 내가 오히려 상처가 될 수 있다는 걸 깨달았다.

종종 그런 생각을 했다. 내가 나를 망가뜨리고 있을 때. 예컨대 감정이랄지, 몸이랄지 하는 것을 말이다. 그럴 때마다 '엄마아빠가 속상해하지 않을까' 하는 생각을 했다. 글쎄, 언제부터인지는 모르겠다. 보잘것없는 기억력을 더듬어보자면 20대 초중반 즈음이었던 듯싶다.

그 당시 나는 연애를 하고 있었다. 그 사람이 너무 좋아서 나 같은 건 아무래도 좋았다. 매일 화를 이기지 못해 울며 잠에 들어도 그저 좋았다. 차근히 망가지고 있다는 건 전혀 몰랐다.

그의 작은 반지하 자취방에서 식사라 부르기도 애매한 끼니를 때

워도, 전혀 다른 디자인의 커버가 씌워진 베개를 베고 이불을 덮어도 그저 좋았다. 전날 마시고 난 주스 컵에 개미가 잔뜩 꼬인 걸 보고도 '그럴 수도 있지' 우스운 에피소드 중 하나라 생각했다. 잠결에 갈증을 느껴 자칫 그 컵에 물을 마실 뻔했음에도.

그러다 문득 엄마아빠 생각이 났다. '엄마아빠가 지금 내 모습을 보면 속상해하지 않을까?' 애지중지 키운 큰딸이 푹 꺼진 매트리스에서 잠들기를 바라지는 않겠지. 소중한 딸이 술 마시고 연락 안 되는 남자친구를 기다리다 까무룩 잠들지 바라지는 않겠지.

그렇게 연애는 끝났고, 그 이후 엄마아빠가 조금이라도 속상해할 것 같은 연애는 하지 않았다. 내 기준은 엄마아빠가 됐다. 그런 내가 공황장애 때문에 엄마아빠에게 상처를 주고 있었다. 사랑이 넘쳐흐르는 두 눈을 바라볼 수가 없었다. 숨길 수 있는 만큼 최대한 숨겨야 했다. 아무렇지 않은 척, 많이 나아진 척, 이제 약 없이도 잠을 잘 수 있는 척.

아직도 나는 엄마아빠에게 상처를 주고 있다. 갑작스럽게 독립을 선언해 불안함을 안겨주었고 난데없는 수술로 걱정을 더했다. 잘 다니던 직장을 그만뒀고 여전히 해가 떠야 잠이 든다. 그나마 다행스러운 점은 따로 산다는 것. 망가진 내 생활 패턴을 목격하지 않아도 된다.

잠이 오지 않는 새벽녘, 자식은 평생 부모에게 상처를 주는 사람일지도 모르겠다는 뻔뻔한 생각을 했다.

어느새 어른

 하루하고 반나절 동안 내린 비는 다음 날에야 멈췄다. 솜사탕을 손으로 얇게 뜯어 펴놓은 듯한 구름이 하늘을 메웠고 구름 사이로 햇볕이 내리쬤다.

 잠시나마 잊었던 날씨였다. 궂은 날씨에도 꿋꿋이 가방 한편을 자리하고 있던 선글라스를 꺼냈다. 단 하루라도 쨍한 날을 맞을 수 있다는 사실에 감사했다.

 요새 인기 있다는 흑당버블티라떼를 마시며 드문드문 텐트가 쳐진 해변을 바라보았다. 라떼기에 샷이 하나 정도는 들어갔을 줄 알았는데 우유에 흑설탕과 버블뿐이었다. 아무래도 좋았다. 좋은 사람들과 함께 바라보는 바다 아닌가.

무려 11년 만이었다. 11년 전, 스무살이었던 우리는 정동진으로 향하는 막차에 몸을 실었더랬다. 그날도 이렇게 맑았던가. 이들과 함께 올려다본 그날의 하늘이 아직도 선명한데 어느새 이렇게 커버린 건지.

우리의 역할이 바뀌는 시간

"딸, 이거 너무 쓰다. 뜨거운 물을 좀 더 부어달라고 말해도 될까?"

수연 씨와 점심을 먹고 카페를 찾았다. 나는 늘 그렇듯 아이스 아메리카노를 주문했고, 수연 씨는 따뜻한 아메리카노를 시켰다. 그의 표현을 빌리자면 '깔끔하게 입가심을 하고 싶다'며. 우리가 간 곳은 진하기로 유명한 프랜차이즈 커피 전문점이었다. 진한 커피를 좋아하지 않는 수연 씨에게는 '깔끔하게 입가심'하기에 적합하지 않은 맛이었을 것이다.

아르바이트생에게 무리한 부탁은 하지 말라고 잔소리를 하는 딸

앞이라 그런지, 그는 조심스럽게 내게 물었다. 행여 딸에게 또 한 소리를 들을까, 혹은 민폐나 진상이라 불리는 행동이진 않을까 걱정스러운 마음이 말투와 표정에 그대로 묻어났다.

"너무 진해?"
"응. 엄마 입에는 좀 써."
"엄마, 그럴 때는 얼음 두 조각만 넣어달라고 말해봐."
"얼음?"
"응. 딱 두 조각만 넣어달라고 해봐."

수연 씨는 알았다고 말하며 자리에서 일어났다. 픽업 데스크로 걸어가는 엄마의 몸집이 참 작았다. '왜 저렇게 말랐담?' 혼잣 구시렁댔다. 수연 씨에게 들릴 리 만무했다.

음료를 받는 손님 여러 명이 픽업 데스크를 둘러싸고 있었다. 수연 씨는 그 뒤에 서서 차례를 기다렸다. 한 번 정도 나를 쳐다보며 '사람이 너무 많아' 입을 뻐끔거리며 울상을 지어 보였다. 귀여웠다. 그러다 갑자기 눈물이 차올랐다. 수연 씨도 자라나는 내 뒷모습을 바라볼 때 이런 기분이었을까? 대견하면서도 귀엽고, 걱정스러우면서도 뿌듯한 이런 뭉클함.

"어머! 딱 좋아! 얼음 넣으니까 연해졌어!"
"그치? 그리고 얼음 때문에 약간 미지근해져서 마시기 좋을걸?"
"맞아, 어머 웬일이니! 얼음 두 조각? 또 하나 배웠네. 엄마 친구들에게 말해줘야겠다."

여름 67

자리로 돌아온 수연 씨는 아메리카노를 한 모금 마시고는 너무 기뻐했다. 조금만 더 행복했다면 손뼉이라도 칠 것 같았다.

"아니, 내가 가서 알바생한테 너무 진하다고 얼음 두 조각만 넣어 달라고 했더니, 알바생이 '두 조각이요?' 그래서 내가 이렇게 손가락을 펴면서 '네. 딱 두 조각이요.' 그랬더니 얼음 푸는 걸 막 이렇게 흔드는 거야. 진짜 딱 두 조각만 넣으려고. 그래서 둘이 막 웃었잖아. 눈 마주치고."
"하하 그랬어?"

하나도 안 웃겼다. 그런데 웃음이 났다. 수연 씨가 즐거워하고 있었으니까. 오랜만에 만난 딸과 점심을 먹고 커피를 마시는 소소한 일상을 행복해하고 있었으니까. 뜨거운 아메리카노에 얼음 두 조각을 넣으면 먹기 딱 좋은 온도가 된다는 걸 알고 뿌듯해하고 있었으니까.

나이를 먹는다는 건 부모와 내 역할이 바뀌는 시간이다. 옛날 수연 씨가 내게 그랬듯, 이제 내가 수연 씨에게 무언가를 알려주고 가르쳐준다. 수연 씨는 관심 없는 이야기는 귀담아듣지 않고, 듣고 싶은 이야기만 기억한다. 예전에 어린 내가 그랬듯이. 나는 가끔 답답하고 속이 터질 것 같지만 꾹 참는다. 아마 30년 전의 수연 씨도 그랬을 테니까.

초상(初喪)

어떤 장소는 늘 나를 14년 전 그곳으로 데려간다.

20년을 채 살지 않았던 그 시절
내 생애 가장 슬펐던 그 날, 내가 눈물을 흘렸던가.
피가 나도록 입술을 꽉 깨물고 애써 눈물을 참다가
목구멍에서부터 삐져나오는 슬픔을
어찌하지 못하고 토해내진 않았던가.

이제 그런 사소한 기억마저 흐릿해졌지만
그날의 내가 어리고 여렸다는 건 확실하다.

14살이나 더 먹었는데도
어엿한 30대인데도
웬만한 슬픔에는 무뎌졌을텐데도
그날로 돌아가버린 나는 여전히 보잘 것 없다.
아무 힘 없이, 그날 그 장소에 놓여진 기분이다.

가득 채운 잔을 아무리 넘겨도 잊혀지지 않는다. 이 기분은.

계단마다 꽈리꽃이 피었던 그 집

 계단마다 꽈리꽃이 피었던 집에서 나고 자랐다. 삐쭉한 봉오리를 거꾸로 매달고 있는 모양새의 꽈리꽃은 연녹색이었다가 이내 새빨개지곤 했다. 꽈리꽃이 피었다가 지는 햇수를 더해갈 때마다 나는 한 뼘씩 자랐다.

 오래전에 지어진 빨간 벽돌집은 탐험할 거리가 넘쳤다. 길가로 난 가게에는 나무 계단을 타고 올라가는 쪽방이 있었다. 새로운 세입자를 구할 때면 할머니, 할아버지는 도배를 새로 했고 나는 빈 가게와 쪽방을 오르내리며 나만의 아지트를 꿈꿨다. 나중에 어른이 되면 이 방에서 살아야지, 생각하기도 했다. 방 안에 화장실이 없어 밖에 있는 공용 화장실을 이용해야 하는 것 정도는 어린 내게 아무런 문제가 되지 않았다.

 우리 가족이 사는 3층에도 나무 계단이 있었다. 옥상으로 올라가는 길이다. 옥탑방이 하나 있고, 그 사이에 또 한 칸 자그마한 공간이 있다. 창고로 쓰기에 적합하지만 조그마한 나와 동생이 숨기에 딱 안성맞춤인 사이즈였다. 만약 가겟방에 살 수 없다면 이 옥탑방에 살겠다고 말해야지, 라고 플랜B를 세웠던 기억이 있다. 돌계단이 아닌, 나무 계단을 오르내린다는 행위 자체가 흥미로웠다. 경사가 가팔라 손으로 위 계단을 잡아야 한다는 점도 꽤 마음에 들었다.

 산 중턱에 새로 생긴 초등학교에 입학하고, 그 이듬해 부모님과 내가 이사 갈 때까지 나는 그 집에서 살았다. 걸어서 10분 거리로 이사했기 때문에 여전히 그 집은 내 아지트와 같았다. 학교가 끝나면 할머니 집으로 달려가 용돈을 받아 떡볶이를 사 먹었고, 할머니가 사다 둔 누가바를 먹었다. 막걸리를 마시는 할아버지 옆에 앉아 두부김치와 같은 안주를 날름 먹곤 했다. 꽈리꽃이 여러 번 피고 지는 동안, 내가 고등학생이 되고 나서도 거의 매일같이 그 집에 들렀다.

 고등학교 2학년 때였다. 그날도 어김없이 학교가 끝나고 그 집에 들렀다. 할머니는 옥상 텃밭에 있었고, 할아버지는 안방에서 주무시고 계셨다. 목까지 따뜻하게 덮은 이불 밖으로 할아버지 손이 나와 있었다. 나는 방문 근처에서 주무시는 할아버지를 한참을 바라보았다. 기분이 이상했다. 저 손을 잡고 싶은데, 손을 이불 속으로 넣어드리고 싶은데 그러면 안 될 것만 같았다. 아무것도 할 수 없었다.

그저 내가 할 수 있는 것이라곤 주무시는 할아버지를 빤히 바라보는 것뿐이었다.

그날의 기억이 잘 나질 않는다. 아마 나는 그 집을 나와 학원을 갔을 것이다. 수업을 듣던 내게 원장 선생님이 엄마로부터 전화가 왔다며, 할머니 집으로 오라는 말을 전했던 것 같다. 나는 동생과 함께 그 집으로 향했다. 어둑한 저녁, 그 집 앞에는 구급차가 와있었다. 눈물이 터져 나왔다. 엄마가 울고 있었다.

할아버지는 내가 나고 자란, 당신의 그 집에서 떠나셨다.

"가장 마지막으로 할아버지 본 사람이 민지 같아. 민지 간다고 해서 오야 하고 좀 있다 내려와 보니까…"

할머니의 그 말은 내게 위안이자 상처였다. 마지막으로 할아버지를 보았다는 자기 위로이자, 마지막에 손 한 번 잡아드리지 못했다는 자책으로 남았다. 장례를 어떻게 치렀는지, 할아버지 유품은 어떻게 정리했는지, 사십구재는 어떻게 지냈는지 아무런 기억이 없다. 원체 기억력이 좋지 않은 탓일지, 힘든 일은 다 지워버린 탓인지.

나는 그 이후로 그 집에 가기가 힘들다. 할아버지의 거친 손이 자꾸 떠오른다. 이제 흐릿해져 가는 추억 속의 할아버지를 더듬어야 하는 게 버겁다. 잊고 살다가도 문득 떠오르는 기억에 울컥해진다. 할아버지를 이천 호국원으로 모시고 온 후에도 12년이나 찾아뵐 수 없었던 데에 이런 말도 안 되는 변명을 덧붙여본다. 12년 만에 홀로 찾아간 그곳에서 한 시간 넘게 눈물만 흘렸던 이유는 못난 손녀의 죄송함이 가장 컸다.

 계단마다 꽈리꽃이 피었던 그 집. 내가 사랑했던, 그리고 지금도 너무나 사랑하는 그 집. 나를 키우고 자라게 했던 그 집에는 내가 많이 사랑하던 사람이 살았다.

이모의 청춘 몇 권

명절날, 나의 패턴은 고정되어 있다. 걸어서 5분 거리에 있는 할머니 집에 가서 차례를 지내고 함께 아침을 먹는다. 별 의미 없는 이야기를 나누다가 점심을 먹거나 낮잠을 자고 일어난다. 그리고는 집에 왔다가 오후 4~5시쯤 외갓집으로 간다. 걸어서 3분이면 도착하는 매우 가까운 거리다. 내가 독립한 이후로는, 전날 엄마 집에 가서 하루를 자는 것 정도만 바뀌었다.

어린 시절에는 나도 차를 타고 시골에 가고 싶다는 철없는 소리를 한 적도 있다. 몇 시간씩 오도 가도 않는 차 안에 갇혀 있는 게 얼마나 고역인지도 모르고.

올해 추석에도 어김없이 외갓집으로 향했다. 시댁을 다녀오는 이모들이 도착할 시간이었다. 그날은 평소와 달리 외삼촌도 함께였다. 오랜만에 한데 모인 사 남매는 반가운 기색이 역력했다. 평소 같으면 식탁 차리는 것을 도울 테지만, 엄마와 이모들, 외숙모까지 북적이는 주방은 발 디딜 틈이 없었다. 괜히 근처만 알짱거리다 주방 옆에 자리한 작은 방으로 들어섰다. 막내 이모가 결혼하기 전에 쓰던 방이다.

 그즈음 나는 〈응답하라 1988〉을 다시 보고 있었다. 1988년에 열여덟이던 덕선이는 90년에 스무 살이 되었다. 내가 태어나던 해 90학번으로 대학에 입학한 막내 이모와 동갑이다. 다시 말해 〈응답하라 1988〉은 딱, 막내 이모의 이야기였다. 반지하에서 언니와 한방을 쓰던 덕선이와, 나만 하고 싶은 게 없다며 울던 덕선이와, 파릇파릇한 첫사랑을 시작하던 덕선이와, 떡볶이를 좋아하던 덕선이와 막내 이모가 겹쳐졌다.

 막내 이모는 〈응답하라 1988〉 속 보라처럼 공부를 곧잘 잘했지만, 가난한 집안 형편 때문에 장학금을 받기 위해 학교와 학과를 낮춰서 진학했다고 들었다. 국문학을 공부하면서 이모는 행복했을까? 한 번도 후회한 적은 없을까? 그의 작은 방에 놓인 책장에는 그가 아끼던 책들이 남아있었다. 분명 이보다 더 많았을 것이다. 안 읽는 책 몇 권은 헌책방에 팔았을 것이고, 시집을 가면서 또 몇 권을 정리했겠지. 버리기에는 아깝고 아쉬운 책들이 꽂혀있었.

 찬찬히 살펴봤다. 모르는 책투성이다. 나는 확실히 어디 가서 국문학도라고 말하면 안 되겠다는 생각을 했다. 어느샌가 방에 들어온 막내 이모가 말을 건넸다.

"민지야, 너 읽고 싶은 책 있으면 가져가서 읽어."
"이모, 하나도 모르겠는데요."
"야, 이건 다 읽어야 하는 책이야. 진짜 아끼는 책들만 모아둔 거야. 차마 버리지 못하겠어서."
"저는 진짜 국문학과 아닌가 봐요. 하나도 모르겠어요. 진짜 책 안 읽고 살았나 봐요. 추천 좀 해주세요."
"이 책도 재미있고.... 이건 한 번쯤 읽어볼 만하고... 이것은 내가 진짜 몇 번을 읽었는지 모르겠다. 재미있어."

손에 받아든 책 세 권은 이름만 들어본 책이다. 그러니까 유명하지만, 내가 차마 엄두를 내지 못했던 책들이랄까.

멍한 표정으로 이모를 바라보는데, 이모의 눈이 빛나고 있었다. 초등학생 아들을 키우느라 지친 엄마의 눈이 아니었다. 꿈 많고 설렘 가득했던 30년 전, 20대 여대생의 눈이었다. 어쩌면 이모는 국문학을 공부하면서 행복했을 수도 있겠다고 생각했다.

"이모, 토지는 어떻게 다 읽었어요?"
"응? 재미있어. 너 설마 토지 안 읽었니?"
"네. 유시민 작가도 감옥에서야 다 읽었다던데요? 김영하 작가는 아직 못 읽었대요."
"뭐야, 난 몇 번이나 읽었는데. 나 무슨 감옥이라도 다녀왔나?"

까르르. 이모가 웃는다. 막내 이모는 아마 모를 것이다. 내가 책을 편하게 생각하게 된 데에는 이모의 역할이 매우 컸다는 것을. 외갓집에 가면 있던 〈개미〉라던가 〈람세스〉, 〈논리야 놀자〉 같은 책을 읽으며 책이 얼마나 재미있는지 깨달았다는 것을. 그 덕분에 내가 책을 사랑하게 되었다는 것까지.

그날, 나는 이모의 청춘을 몇 권 빌려왔다. 술에 취해 택시에 몸을 싣는 순간에도 이모의 청춘을 꼭 끌어안고 있었다. 그동안 덕선이를 애틋하게 여기면서도, 난 단 한 번도 막내 이모를 떠올리지 못했다. 막내 이모에게도 청춘이 있다는 것을 왜 몰랐을까.

태풍이 지나간 자리

하늘 위에서 태풍이 지나간 자리를 봤다. 천국이 있다면 이곳일까, 싶을 정도로 아름다운 구름이 펼쳐져 있었다. 항공기에서 보낸, 그러니까 전부 합쳐도 얼마 되지 않는 짧은 시간이지만, 그간 본 풍경 중에 가장 아름다운 광경이었다. 꿈만 같았다.

사실 비행기를 타기 전에 오른쪽 창가에 앉고 싶다는 생각을 했다. 해가 저무는 시간대였고 비행기는 남쪽으로 향하고 있었기 때문에 석양을 볼 요량이었다. 체크인 시간이 넉넉했음에도 좌석 선택하는 화면을 휙 넘겨버리는 바람에 얼떨결에 왼쪽 창가석에 앉게 됐다. 아쉬움이 컸다. 하지만 눈앞의 구름은 아쉬움을 잊게 만들었다. 구름만큼이나 하얗게 잊어버렸다. 오히려 서쪽에서 비치는 햇볕 덕분에 구름의 윤곽이 한층 더 또렷해졌다.

몽글몽글 덩어리진 솜사탕 같았다. 바람 결따라 흐트러진 구름도 있었다. 바람이 어느 방향으로 부는지 확연했다. 구름은 남에서 북으로, 서에서 동으로 흩날리고 있었다.

행복했다. 과장을 조금 보태자면 죽기 직전 마지막으로 바라보는 모습이라도 여한이 없을 만큼. 비행기에서 읽으려고 챙겨온 책은 단 한 글자도 읽을 수 없었다. 20분 만에 바리바리 싼 짐 속에 고이 모셔져 있던 책을 손에 쥔 채 '이걸 왜 꾸역꾸역 챙겼을까' 생각했다.

아니, 난 창밖이 이렇게 황홀할 줄은 몰랐지.

불특정 다수에게 나를 내비치는 것이
이리도 어려운 일이었던가

맞아
그래서 난 늘 수필과 시를 어려워했지

만약 예쁜 단어와 문장으로 꾸려낸 소설이었다면
그래서 그 표현들 뒤에 숨을 수 있었다면
조금 더 나았을까

가을

능소화

언제부터였을까,
담벼락마다 능소화가 수를 놓은 건.

가까이 가면 눈이 멀어버린다는 꽃에 대한 소문을 들은 적 있다.
흔하지 않아 자주 볼 수는 없었지만
주황색 꽃잎이 큼지막해 참 예쁜 꽃이었다.

이름마저 예뻤다. 능소화.
능가할 능에 하늘 소, 꽃 화를 쓴다.
가히 '하늘을 능가'하는 맵시를 뽐낸다.

미모를 질투하는 이가 가지를 꺾어버리지 못하게
가까이 오면 눈을 멀어버리게 하는 것일까.
그 예쁜 꽃봉오리에 어찌 그리 독한 마음을 담았을까.

사실 능소화는 눈을 멀게 만들지 않는다.
꽃가루의 구조 때문에 눈에 염증이 생긴다는 게
와전된 거라는 걸 얼마 전에야 알았다.

그 이후 담벼락마다 자리한 능소화가 자주 눈에 띈다.
독한 마음을 담았다 오해받았던 능소화가.
억울하다 한마디 하지 못하고 늘 자리를 지켰을 능소화가.

그저 운 좋은 B+ 인생

 뭐든 조금만 노력해도 평균 이상이라, 남들보다 특별한 사람인 줄 알았다. 아니었다. 평균이 낮은 줄은 몰랐지. 내가 대단한 사람인 줄로만 알았지.

 목표가 없었다. 어려서는 판사나 모델 같은 그럴싸한 꿈을 꾸기도 했던 것 같은데 어느 순간부터 그런 게 사라졌다. 특별한 꿈이랄게 없으니 동경하는 대상이 없어, 시선을 위로 하는 법이 없었다. 늘 내가 디디고 있는 땅을 보았다. 별다른 노력 없이도 이 정도를 이룬다는 게 신기해서 그저 내 발을 바라볼 뿐이었다. 시선이 아래를 향하니 당연히 내 아래에 있는 사람들이 보였다.

그들이 나보다 못났다는 것이 아니다. 개중에 나보다 조금 덜 노력한 사람, 나보다 바라는 바가 없는 사람이 있었다. 가진 게 없는 나보다도 가진 게 없는 이도 있었고 출발선이 늦은 사람도 있었다. 어찌 되었건 나는 그들과 나를 비교하며 '내가 저들보다 낫구나' 자위했다. 오만이라는 사실을 몰랐다. 아래에 있는 이들만 보느라 내 위를 미처 보지 못했다. 어리석게도 그때의 나는 그랬다.

내 위에는 대단한 이들이 많았다.

사회에 나와 보니 내가 디디고 있는 땅보다 더 높은 땅을 딛고 있는 이들이 보였다. 이른바 '금수저'라고 하는 이들, 비상한 머리와 뛰어난 재능을 지닌 사람들이 있었다. 평범해 보이지만 내게는 없는 '성실함'이라는 무기를 가진 사람들이 내 위에 자리하고 있었다. 학벌은 왜들 그리 좋은지, 난 꿈도 꾸지 못한 유학은 왜들 그리 많이 다녀왔는지, 어찌 그렇게 오래 꾸준히 노력하는 인내심을 지니고 있는지. 날고 긴다는 사람들 앞에서 감히 내가 '특별한 사람'이 될 수는 없었다.

그때 알았다. 내 세상은 작았다. 작고 좁고 낮았다. 나는 그저 운 좋은 'B+ 인생'일 뿐이다.

아프지 말자, 전부 다 돈이다

 작년 말 나를 괴롭히던 독감은 두 달이 지난 지금까지도 낫지 않는 생채기를 냈다. 그때 떨어진 면역력이 도통 돌아올 생각을 하질 않는다. 코로나도 점차 무서워진다. 젊고 건강한 사람은 면역력이 좋아서 괜찮아, 라는 말이 내게는 적용되지 않을 수도 있다는 생각이 든다.

 자도 자도 풀리지 않는 피로에 이상함을 느끼던 차였다. 오른쪽 가슴에 멍울이 생겨 스치기만 해도 아팠다. 문득 8년 전 왼쪽 가슴에 멍울이 생겨 방문했던 유방외과가 생각났다. 엄마의 손에 이끌려 갔던 곳이라 이름조차 생각나지 않는 곳. 기억을 더듬어 근처 역을 떠올렸고 포털 사이트를 뒤져 비슷한 곳을 찾아 전화를 걸었다.

"안녕하세요. 가슴에 멍울이 생겨 통증이 있는데 진료를 받고 싶어서요."

이름과 연락처를 남긴 후 이전 진료 기록이 남아있는지 물었다. 다행히 기록은 남아있었다. 당시 왼쪽 가슴 멍울은 큰 문제가 아니었고 오히려 갑상선에 혹이 있다는 소견을 받았다.

진료를 예약한 날, 걱정을 가득 안고 병원을 방문했다. 8년 전 그날처럼 오른쪽 가슴의 멍울도 그다지 큰 문제가 아니었다. 생활습관이나 컨디션 때문에 가슴 지방이 뭉칠 수 있다고 했다. 의사는 생리를 앞두고 있어 더욱더 그랬을 지도 모른다고 덧붙였다.

문제는 갑상선이었다. 8년 전 자그마했던 갑상선의 혹은 꽤나 커진 상태였다. 그동안 꾸준히 검진을 받았어야 했는데 불행스럽게도 병원에 남겨진 내 휴대폰 번호는 잘못 기재돼 있었고, 덕분에 난 한 번도 검진 관련 문자를 받아보지 못했다.

크기도 크고 모양도 좋지 않아 세포 검사가 필요하다고 했다. 유방 초음파만으로 14만 원이 훌쩍 넘었는데 갑상선 세포 검사가 더해지니 30만 원에 육박했다. 현재 내게 유동 가능한 현금은 20만 원가량. 잠깐 고민을 하다가 일주일 뒤로 예약을 잡고 병원을 나섰다.

생일을 하루 앞두고 병원을 다시 방문했다. 가운으로 갈아입고 진료를 기다렸다. 평일 아침이라 그런지 병원에 환자는 나 혼자뿐이었다. 진료실 침대에 누워 차가운 젤을 바르고 목에 초음파 기계를 댔다. 마취 주사는 따끔했다.

 이윽고 기다란 주삿바늘이 내 목을 쑤셨다. 난 목이 잘 보이는 자세로 한껏 턱을 치켜들고 있었으므로, 실제 주삿바늘이 얼마나 굵고 긴지 알 수가 없었다. 그래도 기다란 바늘이라는 생각이 들었다. 아프진 않았지만 고통스럽기는 했다. 목에 바늘이 꽂힌 채 왔다 갔다 반복하고 있었으니까.

 5분여 남짓한 시간, 딱 두 가지 생각밖에 들지 않았다. '아프지 말자' 그리고 '15만 원이면 되겠지?' 돈을 물 쓰듯 펑펑, 아까운 줄 모르고 쓰던 내가 이제 돈 때문에 벌벌 떨고 있는 꼬라지라니. 세상 오래 살고 볼 일이라는 고까운 마음이 일었다. 신기하다.

 목에 자그마한 밴드를 하나 붙이고 진료비를 치르고 나오는 길이 참 씁쓸했다. 유난히 따듯했던 겨울이었건만 그날은 눈이 펑펑 내리고 있었다. 얼굴을 에는 듯한 추위가 마음을 파고 들었다.

 아침부터 목을 쑤신 하루는 컨디션이 좋지 않은 채 끝이 났다. 그렇게 맞은 내 생일은 유난히 차분했고 결국엔 이유 없이 슬펐다. 알 수 없는 눈물을 한참을 흘리다 코인노래방에서 홀로 8곡을 부르며 막을 내렸다. 요 근래 느끼지 못했던 외로움이 이틀간 나를 감쌌다. 아프지 말자, 전부 다 돈이다.

9년이 흐른 뒤

 이상하게도 슬프지 않은 시월이다. 매년 시월이면 일렁이는 감정을 주체하지 못했는데 이제 감성이 메마른 걸까. 건조한 감정이 문득 서운하게 느껴져 시화로 향했다. 날씨마저 무던하다. 9년 전 우리 집 앞 놀이터는 추웠는데. 가난한 20대의 우리는 술에 잔뜩 취하고도 얇은 회색 자켓 하나만 걸치고 덜덜 떨었는데 오늘은 바람 한 점 없다. 오랜 시간 밖에 있어도 누군가와 찰싹 달라붙지 않아도 될 듯 하다.

 연인들은 서로의 곁을 내준 채 함께 걷는다. 한 방향을 향해 나란히 앉는다. 바다 저편을 물들인 화려한 불빛을 바라보며 사랑을 속

삭이겠지. 그사이 홀로 앉아있는 상대에게 걸어가는 남자의 손에는 막 끓인 라면이 들려있다. 강아지와 산책을 나온 노부부가 꼭 붙어 앉아 뜨거운 라면을 나눠 먹는 모습을 보니, 사랑이구나 싶다. 사랑이다. 일말의 망설임도 없이 사랑이다.

 하늘을 얇게 덮은 구름 사이로 별이 빼꼼히 얼굴을 비친다. 아는 별자리라고는 북두칠성과 오리온자리 뿐이다. 북두칠성은 아직 수평선 아래에 있고 오리온 자리는 한겨울에야 정수리 위에 자리한다. 가을 별자리는 아는 바 없다. 별자리 어플을 켜서 머리 위에 가져다 댔다. 백조자리다. 구름 사이로도 제법 또렷하다. 이제 가을 별자리도 하나 확실히 알았다.

죽는다는 건

죽음에 대해 깊게 고민하던 밤이 있다. 죽는다는 건 어떤 걸까, 죽으면 어떤 기분일까와 같은 심오하지만 단순한 사색을. 그밤을 온전히 기억하지 못하지만, 그때 나는 죽음을 떠올려야 하는 현실과 마주하고 있었을 것이다. 그렇지 않고서는 굳이 죽음을 떠올리진 않았을 테니까.

카카오톡이라는 메신저는 내게 단 5분도 자유를 허락하지 않았다. 15년 가까이 버릇처럼 손에 쥐고 있던 휴대폰을 쥔 손은 늘 덜덜 떨렸다. 노예처럼 다달이 갚던 할부마저 끝났기에 할 수만 있다면 누군가를 내리칠 수 있는 흉기로 쓸 수 있을 것 같았다. 늦은 밤에도,

아직 동이 트지 않은 새벽에도 쉴새 없이 울리는 휴대폰을 바라보며, 가빠오는 숨을 고르며. 그렇게 난 그밤 죽음을 고민했다.

책상과 마주한 벽에는 '민지야, 쉰다고 나아지지 않을거야. 쉰다고 좋아지지도 않을거야.' 라던 당시 회사 대표의 포스트잇이 붙어있었다. 때늦은 휴가를 가겠다는 말을 꺼낸 내게, 대표가 건넨 휴가비 봉투에 붙어있던 포스트잇이다. 맞아, 쉰다고 나아지지 않았지. 그러면 죽을까. 죽으면 이 현실에서 벗어날 수 있을까. 누구의 잘못도 아닌 이 거지같은 상황에서 벗어날 수 있을까. 죽으면 모든 걸 내려놓을 수 있을까. 그렇게 죽음을 고민했다.

막상 죽으려니 살짝 억울했다. 죽으려면 생각보다 아플 것 같았다. 어떻게 죽어야 안 아픈지도 모르겠거니와, 고통을 견디면서까지 죽자니 내가 죽을만큼 힘든 상황인가 의문이 들었다. 이성이 감성을 이겼다고 해야 하나. 죽으면 어떻게 되는 거지, 육체의 끈을 놓는다면 영혼은 어떻게 되는거지, 애초에 영혼이 있긴 한가. 이런 비생산적인 생각이 나래를 폈다. 죽은 후의 상황을 모르니 선뜻 선택할 수가 없었다. 이해가 되지 않으면 쉽게 선택하지 못하는 내 결단력이 죽음도 좌우했다. 그래서 죽지 않기로 했다.

영원히 잠을 잔다거나 새로운 삶을 산다거나 천국 혹은 지옥을 간다는, 확실한 경험담이 있다면 좋을텐데 그게 아니니 내게 죽음은 여전히 미지의 세계다. 여전히 죽는다는 건 두렵고 무섭다. 그런데 한때는 죽을 수 있겠다고 생각했다. 죽어도 좋다고 생각한 적은 없지만, 죽을 수 있겠다는 생각을 한 적이 있다. 그런 밤이 있다.

나른한 일요일 오후

 나른한 일요일 오후, 한 남자가 카페로 들어온다. 카라가 다 늘어난 곤색 카라 티셔츠에 방금까지 일하다 온 것만 같이 진흙이 묻은 등산바지, 낡은 검은 운동화. 그는 단 두 글자를 말했다.

 커피 / 커피 주문하시게요? 주문은 이쪽에서 도와드릴게요.

 젊은 알바생의 말에 순순히 카운터로 따라간다. 알바생 머리 위로 도통 알 수 없는 말들이 적힌 메뉴판이 보인다.

 아메리카노 드릴까요?

아메리카노, 무엇을 뜻하는지 모르겠다. 그거 말고 커피 달라는 말이 목구멍까지 차오르지만 참는다. 무시당할까봐, 모르는 내 자신이 창피해서. 한참을 서있다가 한 마디 겨우 내뱉는다.

음료수는 / 음료수는 오른편에 쇼케이스 안에 있습니다. 가져오시면 계산 도와드릴게요.

알바생의 손을 따라 시선을 옮긴다. 자그마한 페트병에 담긴 색색의 음료수가 보인다. 카페 안을 둘러본다. 사람들이 전부 플라스틱 컵에 담긴 음료수를 마신다. 이거 말고 저 사람들처럼 얼음이랑 같이 담은 음료수를 달라는 말이 목구멍까지 차오르지만 참는다. 무시당할까봐, 모르는 자신이 창피해서. 쇼케이스 안의 페트병을 바라본다. 케일, 아보카도, 라임... 그 중 오렌지가 보인다. 오렌지 주스를 카운터로 가져갔다.

얼음컵이랑 같이 드릴까요? / 응

그의 딸보다 훨씬 어린 것 같아 보이는 알바생이 묻는다. 응 이라 대답하는 그의 입에 웃음이 핀다. 얼음이 들어간 시원한 음료가 마시고 싶었다.

사천 원입니다.

비싸다. 이 자그마한 페트병 하나가 사천 원. 수퍼에서 파는 주스와 별반 달라보이지 않는데. 비싸네 라는 말이 목구멍까지 차오르지만 참는다. 무시당할까봐, 돈 없어 보일까봐, 고작 사천 원에 비싸다는 말을 내뱉는 내 자신이 창피해서.

구겨진 천 원짜리 네 장을 내고 자그마한 페트병에 담긴 오렌지 주스와 플라스틱 컵에 담긴 얼음을 들고 카페를 나온다. 젊은 사람들 틈에 앉아서 음료수를 마실 자신까지는 없다. 카페 밖으로 나왔다. 앞에 있는 벤치에 앉아서 주스 뚜껑을 열었다.

참 별일이네. 내가 부어마셔야 하다니.

중얼거리며 플라스틱 컵에 주스를 붓는다.
컵 뚜껑을 닫는다.
이런 빨대가 없다.

고치 속의 나비

 부모님과 한집에 살 때 나는 방에만 틀어박혀 있었다. 자그마한 방 침대 위에서 책을 읽거나 영화를 보며 혼자 술을 마셨다. 어깨와 허리가 얼마나 굽어가는지, 자세가 얼마나 엉망인지는 신경도 쓰지 않은 채 온종일 휴대폰만 붙들고 있는 날도 있었다. 밥을 먹을 때와 TV를 볼 때, 그리고 좀이 쑤실 때 빼고는 방에만 있었다.

 10년이 넘게 변하지 않은 가구와 벽지, 창밖의 풍경에 질려갔다. 창가에 걸터앉아 새벽녘까지 라디오를 듣던 낭만과 서랍 깊이 처박혀 있는 지난 사랑의 흔적, 베갯잇을 벗기면 남아 있을 눈물 자국들, 동이 트는지도 모른 채 몰입했던 미래에 대한 고뇌와 상념 따위는 잊은 지 오래였다. 생각의 폭이 딱 그 방 크기만큼 좁아지는 느낌이었다. 내 모든 추억과 기억이 남아있는 그 자그마한 방이 나를 잡아먹을 것 같았다. 눈 감고도 모든 사물의 위치를 알 수 있을 만큼 익숙해진 그 방을 탈출했다.

이사 온 집은 방이 두 칸이다. 하나는 옷방으로, 하나는 침실로 쓰고 있다. 이번에는 방에만 처박혀 있지 말아야지, 하는 마음으로 하얀색 식탁을 하나 샀다. 적어도 방에서 밥을 먹지는 않겠다는 일종의 다짐이었다. 하지만 난 여전히 틀어박혀 있다. 방에서 집으로, 조금 더 넓어졌을 뿐. 10평 남짓한 공간이 내 생각이 되고 행동이 되어간다.

나태해지고 주저앉는 이유가 공간인 줄 알았다. 그래서 방을 핑계 삼아 도망을 쳤다. 아니었다. 32평 아파트에서도, 넓디넓은 펜트하우스에서도 아마 난 똑같을 것이다. 어디에 데려다 놔도 공간에 잡아 먹히고 만다. 집을 좋아하지만, 집에 가고 싶지 않다. 그 안에서 난 아무것도 할 수가 없다. 무기력하게, 그저 공벌레처럼 몸을 둥글게 말고 가만히 있을 뿐이다.

집 안의 나는 고치 속의 나비 같다. 영원히 부화하지 못할.

직감과 고집, 오기의 사이

8시 30분경에 회사에 도착한다. 대개 문은 잠겨 있다. 내가 가장 먼저 도착했으니까. 처음 출근하던 날에는 무려 8시 25분에 회사에 도착했다. 잠겨 있는 문 앞에서 한참을 서성이다 40분경에 사수에게 문자를 보냈고, 그는 내게 사무실 비밀번호를 알려주었다. 그날부터 쭈욱 사무실 문을 열고 들어오는 첫 출근자는 대개 나다.

전등과 PC를 켜고, 윈도우가 부팅되기를 기다리면서 천천히 신문을 읽는다. 그날의 헤드라인과 광고를 살핀다. 우리 회사의 광고가 실리거나 특별한 이슈가 있는 게 아니라면 신문을 곱게 접어 사장님 책상 위에 올린다.

그날따라 시선을 잡아끄는 기사가 있었다. 모 항공사의 주식이 감사 관련해 자료가 누락돼 거래가 중지되었다는 내용이었다. '응? 우리나라 2대 항공사 아닌가? 고작 3천 원대라고?' 주식은 문외한이었지만 온종일 머리에 남았다. 거래 중지는 곧 풀릴 것이고 금세 주식이 오를 것 같은 느낌이었달까. 거래 중지가 풀리면 꼭 사야겠다는 생각이 들었다. 부도가 나거나 쉽게 망하지 않을 규모의 항공사라는 점도 꽤 매력적이었다.

"OOO항공 주식 거래 중지라는데 그래프가 이상하더라? 거래 중지 풀리면 좀 사볼까 봐."

당시 만나던 친구에게 말을 꺼냈다. 주식 장을 보느라 아침 9시부터 오후 3시 30분까지는 연락이 잘 안 되던 친구였다. 숫자 놀음이라고는 하나도 모르는 나보다는 차트 보는 눈이 있으니 한 번 살펴봐달라는 말도 함께 전했다.

"주식은 공부하고 들어가야 해. 잘 알지도 못하면서 무작정 사는 건 안 좋아."

그는 관련 기사나 차트를 살펴보지도 않은 채 나를 야단쳤다. 고작 3천 원대의 주식 몇 주 사는 걸로 야단을 맞아야 한다는 게 살짝 의아했지만, 굳이 따지고 들지는 않았다.

"아니, 그냥 나는 OOO항공이니까 조금 사볼까 했지. 공부도 할 겸 해서."

볼멘 목소리로 서운함과 억울함을 살짝 내비쳤을 뿐이다.

며칠 뒤 OOO항공의 감사 결과가 '적정'으로 전환되며 주식 거래가 재개됐다. 한 주에 3천 원이었던 주식은 가파른 빨간색 곡선을 그리며 6천 원, 7천 원 하늘 높은지 모르고 치솟았다. 배가 아팠다. 거래 중지가 풀리자마자 샀다면 아무리 푼돈이어도 2배는 되었을 텐데.

"이게 뭐야. 지금 8천 원까지 올랐어. 3천 원 후반에만 샀어도 두 배잖아."
"이럴 때 들어가면 진짜 큰일 나. 거품 껴서 고꾸라질 거야."
"내가 몇천만 원 넣는 것도 아니고 고작 푼돈이잖아!"

그의 말대로 주식은 금세 고꾸라졌다. 빚이 산더미라 인수하겠다고 나서는 기업도 없었다. 문제는 내가 그 몰래 8천 원대에 주식을 샀다는 것. 천정부지로 오르는 금액에 살짝 눈이 돌아 몇 주를 샀더랬다. 주식은 9천 원의 선을 넘기지 못하고 급하락해 1년도 더 넘은 지금도 3천 원대를 유지하고 있다.

2주 만에 주식에 대한 관심이 팍 식었다. 여전히 마이너스 60%에 가까운 수익률을 기록하고 있다. 주식은 무릎에서 사서 어깨에서 파는 거라던데 머리에서 사서 발목에 묶힌 기분이다. 만약 그때 내 직감대로 사서 어깨에서 팔았다면 어땠을까. 지금과 달리 주식에 흥미를 느껴 오전 9시를 눈이 빠져라 기다리고 있을까.

직감과 고집, 오기의 사이를 오가던 날들이었다. 직감을 놓친 나는 고집을 피웠고, 치밀어오른 오기는 결국 내 발목을 잡았다. 우스운 건 8천 원에 사놓고 6천 원대에 몇 주 더 사서 거래 단가를 낮춰보려고 했다는 점이다. 스스로 오기를 부리고 있다는 걸 알았던 것이다. 제대로 파악하지 못한 감정은 자칫 나를 잠식할 수도 있다는 걸 배웠다.

실수

오랜만에 맥북을 켜고 에버노트 동기화를 했다. 스마트폰에서 쓴 글들을 전부 불러왔다. 글이라 부르기에는 많이 부족한 텍스트 초안이 대부분이다. 개중 쓸만한 글도 있다.

맥북이 오랜만이라 그랬는지 단축키를 헷갈렸다. 커맨드+C를 눌러야 하는데 옵션+C를 눌렀다. 화면을 가득 메운 글이 사라지고 달랑 C 하나만 남았다. 그채로 동기화가 되었고 아무리 실행취소를 눌러도, 커맨드+Z를 눌러도 글은 돌아오지 않았다.

덩그러니 놓인 C 옆에 커서만 깜빡일 뿐이었다.

아주 사소한 실수였다. 키를 잘못 누르는. 하지만 사라진 글은 돌아오지 않았다. 엎질러진 물을 다시 담을 수 없는 것처럼, 깨진 유리 조각을 다시 붙일 수 없는 것처럼, 매우 사소하고 자그마한 실수 하나가 돌이킬 수 없는 결과를 낳았다.

글이 사라졌다. 내용이 떠오르지 않는다. 마음이 헛헛하다. 자꾸만 혼잣말을 내뱉는다. 이런 C8

나는 핑계 속에 산다

바쁘니까
힘드니까
잠이 부족하니까
신경 쓸 게 많으니까

핑곗거리는 참 많다.
찾으면 찾을수록 여름 장마에 불어난 강물처럼 늘어난다.
전부 자기합리화일 뿐인데 어쩔 수 없는 상황이라 다독인다.

어쩌면 게으른 거다.

바쁨에도
힘듦에도
잠이 부족함에도
신경 쓸 게 많음에도
여의치 않은 현실을 탓하지 않는 이들이 참 많다.

다들 '그럼에도 불구하고' 열심히 사는데
나 혼자 '그렇기 때문에' 안일했다.

보고 싶다

 백수가 된 이후 내 외출의 대부분은 병원 진료다. 일주일에 한 번 만나는 의사 선생님은 내게 이런저런 질문을 하고 나는 그에 대답을 한다. 온종일 입을 꾹 다물고 집에서 노트북으로 글을 쓰거나 스마트폰만 들여다보는 일상에 누군가와의 대화가 더해진다. 재작년에는 그저 알겠다고만 대답하던 내가 이제는 곧잘 의사 선생님의 말에 반박을 하기도 한다. 마음의 여유가 생겼기 때문이거나 선생님이 조금 편해졌기 때문이겠지.

 사람을 만나는 것이 여전히 피곤하고 부담스럽다는 내 말에 의사 선생님이 물었다. 보고 싶은 사람이 있냐고. 한 치의 망설임도 없이 있다고 대답했다. 그리고 한마디를 덧붙였다.

"그런데 과거예요."

친구들은 마음만 먹으면 언제든지 볼 수 있다. 시간만 낸다면 그리 어려운 일이 아니다. 내가 진짜 보고 싶은 건 과거 어느 순간의 그 사람이다. 지금의 그 사람은 그다지 보고 싶지 않고 볼 수도 없다는 말을 더했다. 선생님은 아무 말 없이 가만히 나를 바라보았다. 마스크를 쓰고 있어 어떤 표정을 짓고 있을지는 가늠이 안 된다. 나도 어떤 표정이었을지 모르겠다. 우리는 그저 서로의 눈빛만 확인할 수 있었다.

오랜만에 만난 선배는 술에 잔뜩 취한 채 내게 한 마디를 툭 던졌다. 그런데 그 말이 며칠째 가슴을 찌른다.

"민지야, 넌 왜 이렇게 과거에 얽매여 사냐?"

그러게. 나는 왜 과거에 얽매여 살까. 왜 내가 보고 싶은 사람도 과거의 그 사람일까. 좋은 추억보다 안 좋은 기억이 더 많아야 하는 사람인데, 나는 왜 좋았던 것들만 자꾸 꺼내어 볼까. 미련일까, 아쉬움일까, 돌아갈 수 없는 시절에 대한 그리움일까.

서울은 참 넓기도 넓어서 우연히라도 한 번 마주치질 않는다. 그와 함께했던 합정동이나 연남동 거리를 걸어도 맞은 편에서 그가 걸어오는 일 따위는 없다. 그런 건 영화에서나 일어나는 일인가보다. 재

수 없다. 사실 어쩌다 한 번 마주친다 하더라도 그 앞에 설 생각도, 자신도 없다. 내가 보고 싶은 건 지금의 그 사람이 아니라, 그때 그 시간 속의 그 사람이니까.

 난 언제까지 과거에 얽매여 살까. 무엇이 그 시절을 애틋하게 만드는 걸까. 내가 그를 이토록 사랑했었나. 보고 싶은 사람이 있냐는 질문에 거리낌 없이 그를 떠올릴 만큼.

공감 능력 부족

업무시간 내내 친구에게 징징거렸다. 회사가 얼마나 거지같은지, 지금 내가 처한 상황이 얼마나 개 같은지. 또 도망칠 수는 없어서 짜증난다는 투덜거림. 그리고 친구에게 징징거려서 미안하다고 덧붙였다. 해결 방안이 없는 답답한 내 현실에 친구를 불러들인 기분이었다. 친구가 대답했다.

"너 징징거린 거 아니야. 괜찮으니까 화 좀 내고 살아."

화? 어떻게 내는 거였더라? 그때 깨달았다. 나는 화를 내는 법을 잊어버렸다. 두루뭉술한 요구에도, 말도 안 되는 트집에도 화가 안

난다. 그냥 짜증이 날 뿐. 삭히지 못해 억지로 삼키면서도 도무지 화가 안 난다. 누구에게 화를 내야 할 지 모르겠다.

내게 날카롭게 대하는 사람을 봐도, 이기적인 사람을 봐도 그냥 그러려니 한다. 세상에는 워낙 다양한 사람이 많으니까. 모두 내 입맛에 맞출 수는 없는 노릇 아닌가. 다른 이들의 행동이 이해가 안 돼도 '저 사람은 저런 기분이었군'하고 인정하다 보면, 대부분은 '그럴 수 있지'하고 넘기게 된다. 선을 넘지만 않는다면.

누군가가 내게 공감 능력이 뛰어난 점이 장점이라고 말했던 것이 기억난다. 스스로 가장 큰 단점이 공감 능력 부족이라 생각했는데. 말도 안 되는 칭찬을 들으니 혼란스러웠다. 다시 생각해보니 그 사람은 내가 다른 사람을 이해한다고 여겼던 것 같다. 매사 '그럴 수 있죠'하고 넘겼으니까. 사실 이해 자체를 하지 않은 것인데.

타인에게 화살을 돌리지 않으려고 하다 보니, 자연히 나에게서 문제점을 찾게 된다. 내가 부족하기 때문에, 내가 부덕하기 때문에, 내가 모자라기 때문에. 혹은 나만 잘하면 된다, 견디기 어려우면 버티면 된다는 등의 자기 합리화로 나를 다독이기 마련이다. 내 친구는 그걸 알고 내게 화 좀 내라며 대신 화를 낸 것일까? 화를 낼 줄 모르는 나는 부족한 공감 능력 덕분에 그나마 버티고 있는 걸 수도 있다.

다행일까, 불행일까.

인어공주

 수술 후 가장 큰 후유증은 불면증이었다. 밤낮이 바뀌어 동이 트고야 겨우 한두 시간 남짓 잠드는 생활이 이어졌다. 잠을 충분히 자지 못하니 회사 생활에 집중할 수가 없었고, 결국 퇴사를 선택했다. 일을 그만두면 스트레스가 줄어 불면증이 좀 나아지겠거니 했다.

 아니었다. 내가 타고난 집순이인 것을 간과했다. 엎친 데 덮친 격으로 저하된 면역력 때문에 코로나 감염 우려까지 겹쳐 집에서 보내는 시간만 늘어났다. 이미 잠든 정신과 달리 눈만 말똥말똥하니 글도 써질 리 만무했다. 수술 후 약 3개월가량 나는 엉망인 패턴으로 엉망인 생활을 했다.

가뜩이나 부족하던 비타민D는 결핍 수준까지 떨어져 부갑상선호르몬 수치가 높아졌다. 비타민D를 영양제로 먹는게 아니라, 처방받아 먹게 될 수도 있다는 것을 처음 알았다. 건강식품 회사에서 건강 관련 칼럼을 쓰면서도 몰랐던 점이다.

"저.. 밤낮이 아예 바뀌었어요. 밤에도 낮에도 잠을 통 못 자요. 하루에 고작 한두 시간?"
"호르몬 수치 낮은 약으로 바꿨으니까 좀 잘 수 있을 거예요."

주치의 선생님은 친절하게 거짓말을 했다. 잘 수 있을 거라더니 나는 그 이후로도 열흘가량을 못 잤다. 술을 마시면 좀 잘 수 있지만, 술이 먹고 싶지 않아졌다면 누가 믿을까? 비타민D 생성도 도울 겸 대낮에 자전거도 타보고 뽈뽈거리며 열심히 돌아다녀 보기도 했지만 헛수고였다. 그냥 더 피곤한 채로 밤을 꼴딱 새우기 일쑤였다. 결국 신경정신과를 찾아 약을 지어 먹고서야 제때 잠들 수 있게 됐다.

불면증이 내 생활을 망가뜨렸다면 내 기분을 망가뜨린 건 음치가 되어버린 것이다. 수술 전부터 병원에서는 내게 신신당부를 했다.

"수술 후 한 달간 노래방은 절대 가시면 안 돼요. 큰 소리 내는 것도 금지입니다."

아마 목을 건드리는 수술이라 그런 듯했다. 술을 마시면 유쾌한 기분으로 노래방에 가고 가끔 기분 전환 삼아 홀로 코인 노래방을 찾기도 하지만, 노래방을 자주 가는 편이 아니라 별일 아니라고 생각했다. 아니었다. 큰일이었다. 노래방을 가지 말라고 했지, 노래방을 가지 못하게 될 거라고는 안 했으니까.

코로나가 조금 잠잠해졌을 무렵 친구와 술을 마시고 노래방을 찾았다. 수술 후 두 달은 되었을 시점이다.

"야, 마스크 쓰고 노래 불러. 위험하니까 마이크도 각자 써."

까르르 평소 부르던 노래를 예약하고 마이크를 잡은 순간부터 난 웃음을 잃었다. 목소리가 나오질 않았다. 전.혀.

나는 노래를 잘하는 편이 아니다. 고음을 지르는 노래는 원래 키가 올라가지 않아 부르지도 않는다. 다시 말해 내가 예약한 노래는 십여 년간 불러오던 애창곡이라는 의미다. 그런데 그 노래조차 키가 올라가지 않았다. 어느 시점부터 목이 탁 하고 막히고 목소리가 끊기는데, 마치 인어공주가 된 기분이었다.

뻐끔뻐끔. 황당함을 감추지 못하고 그보다 낮은 노래를 시도했지만, 나는 또 어김없이 인어공주가 되어 버렸다. 억지로 노래를 부르려 하니 듣기 싫게 갈라지는 목소리가 났다. 너무너무 슬펐다. 노래를 잘하진 않지만, 이 정도로 음치는 아니었는데.

누구 하나 내게 수술을 해야 한다고 말한 적 없다. 오롯이 내 의지로 수술을 결심했고 그 선택이 옳았다. 그날로 백 번 돌아가더라도 나는 백 번 같은 선택을 하겠지만, 숙면과 노래 부르는 즐거움을 잃어버린 지금은 조금 많이 속상하고 슬프다.

 며칠 전, 차 안에 흘러나오는 노래를 따라 부르다 내가 인어공주라는 걸 다시 깨달았다.

 아, 이제 이 노래도 못 부르는구나.

잘 버리기 위해서는 용기가 필요하다

  36색 크레파스에는 금색 크레파스가 있었다. 12색 크레파스에는 없는 특별한 색상. 나는 그것들을 소중하게 꺼냈다가 다시 넣곤 했다. 차마 쓸 수 없을 정도로 소중히 반짝이던 크레파스. 작아지는 것이 아까워 만지작거리기만 하던 금색 크레파스는 아낀 보람도 없이 기억 속으로 사라져 버렸다. 이제는 아무런 의미가 없다.

  추억 속에만 남은 것들, 다시는 돌아오지 못하는 것에 대한 상실감은 늘 크다. 예컨대 이제는 찾기 어려워진 초록색 자동차 번호판이라던가, 초겨울의 시작을 알리던 찹쌀떡 아저씨라던가. 이토록 사소한 것에도 마음이 쓰이는 건 나만의 특성일까.

그래서일까, 정리할 줄 모르는 성격이 되어버렸다. 이삿짐이 몇 박스나 나온 것도 그러한 이유에서 기인한 것이겠지. 이 자그마한 방에서 보낸 10년 남짓 동안 추억이 참 많이 쌓였구나 싶었다.

'언젠가는 쓰겠지'라는 마음으로 쌓아둔 필기류와 노트가 한가득, '언젠가는 그리워하겠지'라는 생각으로 덮어둔 연애편지와 일기장도. 노트북과 외장하드, USB에조차 '언젠가 필요할까 봐' 지우지 못한 파일이 가득하다. 초등학생 때 열심히 썼던 일기장을 다 버린 것이 이토록 아쉬울 줄이야.

이제는 아무 소용이 없는 것이 되어버린, 지나간 것들에 대한 알 수 없는 향수. 사진 속 어린 전민지가 끌어안고 있던 코끼리 인형이라던가, 지금 생각하면 그리 즐거울 게 없었지만 늘 배시시 웃던 내 학창 시절과 찬란하게 빛나던 20대에 대한 그리움도 같은 맥락일 것이다. 아마 내일은 오늘을 그리워하고, 내년에는 올해를 되돌아보며 매번 같은 착잡함을 반복해 경험하겠지.

정리한다는 건 불필요한 것을 버리는 것을 뜻한다. 잘 버리기 위해서는 용기가 필요하다. 나처럼 그리움을 안고 사는 사람일수록 더욱더. 언젠가는 가치가 닳는다는 걸, 의미가 다한다는 걸 인정하고 받아들이기 위한 부단한 노력과 연습도 필수다.

내 기억 속에만 남을 오늘을 기록하고, 경쾌하게 보내주는 게 왜 이리 어려운지 모르겠다. 사람도, 사랑도.

상처

요새 손에 알 수 없는 상처가 늘고 있다.
어디서 베었는지 모르는데 손가락이 베어져 있고
어디서 찍혔는지 모르는 핏자국이 생겼다.
아프지 않다가도 깨닫고 나면 그제야 쓰린 상처.
사는 것도 다를 바 없다.
나도 모르는 새 받는 상처가 늘어난다.
어디서인지 모를 곳에서 찧어서 피멍이 들고
어디선가 피가 배어날 정도로 깊게 찔리곤 한다.
아픈지도 모르는 채 살다가 속수무책으로 당한다.
어영부영 아물고 나서도 한참을 나를 무너뜨리는 흉터.

아주 어렸을 때는 똑똑해지고 싶었다.
그보다 조금 더 컸을 때는 현명하길 바랐다.
지금은 단단한 사람이길 소망한다.

겨울

그래도, 그대로의 당신

 평일 오후에 지하철에 탔다. 출퇴근길의 북적임과 상반되는 한산한 분위기가 생경했다. 타고 내리는 이도 많지 않았고 듬성듬성 빈자리도 보였다. 그러다 지하철 손잡이에 눈이 갔다. 정차하고 출발할 때마다 약속이라도 한 것처럼 한 방향으로 흔들거렸다. 급정거를 하더라도 툭 떨어져 나가지 않고 그저 흔들흔들. 끝없이 흔들리는 손잡이를 보면서 마치 나 같다는 생각을 했다. 다른 점은 손잡이의 종착지는 정해져 있고, 나의 종착지는 정해져 있지 않다는 것이다.

 한때 나는 대단한 사람이 될 줄 알았다. 내 이름 석 자를 말하면 다들 고개를 끄덕일 만큼 유명해지거나 부조리한 사회를 변화시킬 힘이 있는 사람이 될 것이라 여겼다. 아니었다. 어느 순간에서건 나는 둘 중 하나였다. 어느 작은 회사의 직장인이거나 프리랜서를 빙자한 백수이거나. 해야 하는 일과 할 수 있는 일, 하고 싶은 일 사이에서 갈팡질팡하는 아주 보통의 존재. 조금 멍청해 보이더라도 꿈을 향해 달릴지, 욕심을 버리고 더 현실적인 선택을 할지의 간극에서 헐떡이는 평범한 사람일 뿐이다.

 꿈과 일, 하고 싶은 일과 할 수 있는 일. 도무지 좁힐 수 없는 두 개의 일에 대해 이야기를 할 때면 나는 기억 속에서 영화 〈프란시스 하〉를 꺼내온다. 여러 번 봤음에도 처음 볼 때처럼 숨이 턱 하고 막히는 장면이 있기 때문이다. 본격적인 이야기에 앞서 미리 설명하자면 프란시스는 무용수다. 견습 무용수. 특별한 일이 없는 한 무대에 설 일이 없는, 다시 말해 전속 무용수들의 대역에 가까운 사람이다. 직업이라기보다는 꿈에 가까운 일이라고 해야 할까?

 제일 친한 친구인 소피와의 관계도 소홀해지고, 크리스마스 공연도 무산되고 집도 없어진 프란시스는 머물 곳이 없어 전속 무용수인 레이첼에게 잠깐 신세를 진다. 그리고 레이첼 지인들과의 저녁 자리에 함께한다. 다 그런 건 아니겠지만, 대부분의 외국인은 외향적인 것 같다. 만약 내가 프란시스였다면 그 저녁 자리에 가지 않았을 것이다. 번듯한 직장과 직업, 돈과 명예를 가진 사람들이 모인 그 자리에서 프란시스는 참 작아진다.

 제 직업이요? 설명하기 어려워요. 진짜 하고 싶은 일이긴 한데 진짜로 하고 있지는 않거든요.

가볍게 던진 질문이 다시 프란시스를 향한다. 난 그때마다 숨이 탁 막힌다. 직업이 없는 사람에게 '무슨 일 하세요?'만큼 곤욕스러운 질문은 없다. 분명 무언가를 하고는 있지만 일(work)이라고 대답하기는 애매하고, 그렇다고 그것을 꿈이라고 칭하기에는 왠지 철없어 보이는 기분. 내게는 글을 쓰는 일이 그렇다. '진짜 한심한 질문'이라며 한숨을 쉬는 프란시스와 함께 크게 숨을 내뱉는다.

영화는 프란시스에게 꿈을 포기한 대신 성공한 현실을 선물한다. 안무가로서 무대를 성공적으로 마무리하고 내 집 마련의 꿈도 이룬다. 부럽게도. 자랑스레 우편함 네임텍을 붙이려는데, 풀네임인 'Frances Halladay'를 적은 종이가 너무 길다.

프란시스는 망설임 없이 종이를 접는다. 하늘의 빛나는 별을 꿈꾸던 프란시스 할러데이(Frances Halladay)가 평범한 세상의 평범한 어른인 프란시스 하(Frances Ha)에 순응하며 영화는 마무리된다.

때로는 구부러지고 접히고 구겨질 줄 아는 어른, 그게 세상을 살아가는 평범한 우리의 이야기겠지. 종착지가 어디인지 모르더라도, 무슨 일을 하는지 대답할 수 없더라도, 하고 싶은 일과 할 수 있는 일, 해야 하는 일 사이에서 여러 번 좌절하고 넘어지고 흔들리고 주저앉더라도 평범한 사람은 소소하게 자신의 역할에 충실하면 된다. 대단하진 않아도 충분히 의미 있는 삶이다.

그래도, 그대로의 당신이니까.

마의 11분

도쿄에서 돌아오던 길이었다. 클라이언트의 돈으로 다녀오는 출장이라 짧은 비행이었지만 대한항공을 이용했다. 내 돈으로 가는 1박짜리 여행이었다면 난 스스럼없이 LCC를 선택했을 것이다. 확연히 다른 크기의 항공기에 올라타며 '오 안전하겠는데?'라는 생각을 했다.

장거리 비행을 해본 적은 없지만 나름 일본도 두어 번, 중국도 한 번, 필리핀도 한 번 다녀왔었다. 중국을 제외하고는 모두 LCC였다. 하늘을 나는 와중에 몸이 붕 뜨는 정도의 경험은 내겐 별일 아니었다. '롤러코스터도 공짜로 타고 좋군'이라며 호기로운 척을 한 적도 있다. 그런데 2시간 남짓한 비행, 그것도 무려 국적기인 대한항공을 탔을 때 터뷸런스를 겪었다.

띵 하는 소리와 함께 안전벨트 사인이 들어왔고 안내 방송이 나왔다. 기내식을 나눠주던 승무원들이 카트를 잡은 채 통로에 쪼그려 앉았다. 내가 할 수 있는 거라곤 내 테이블 위에 놓인 맥주가 흘러넘치지 않도록 잡고 있는 것뿐이었다. 결국 테이블 위에 올려둘 수가 없어 두 손으로 꼭 부여잡고 있었다. 비행기는 한참을 위아래로 넘실대다 안정을 되찾았지만, 여전히 안전벨트 사인은 그대로였다. 나중에 인터넷을 찾아보니 기내식이 천장까지 치솟을 정도로 엉망이 되는 경우도 허다했다.

뼛속까지 문과라 그런지 뉴턴의 법칙이라든지, 양력이라든지 그런 건 잘 모른다. 그저 몇백 톤이 넘는 항공기가 하늘을 날 수 있다는 게 신기할 따름이다. 가벼운 수준이었지만 터뷸런스를 겪고 나니 지구에 작용하는 중력의 범위에서 벗어나 수천km를 날아가는 것은 생각보다 불안한 행위라고 생각했다.

그러다 '마의 11분'이라는 말을 알게 됐다. 비행할 때 파일럿이 가장 긴장해야 하는 시간. 하늘 위에서 갑작스러운 난기류를 만날 때인가 짐작했는데 전혀 아니었다. 이륙할 때의 3분과 착륙할 때의 8분을 뜻한다. 이때 항공사고가 가장 많이 발생한다고 한다. 바퀴가 지면에서 떨어질 때, 그리고 바퀴가 지면에 닿는 찰나.

지면과 허공, 전혀 다른 두 세계를 오가는 순간이기 때문일까?

가만 생각해보니 인생도 비슷한 것 같다. 어느 한 공간에, 순간에 머물러 있는 동안 터뷸런스와 같은 역경을 만난다. 당시에는 죽을 것처럼 힘들고 견딜 수 없을 것 같은 고통이라는 생각이 들지만, 사실 지나고 보면 별거 아니다. '이 또한 지나가리라'라는 말이 괜히 인기 있는 게 아니듯.

우리가 가장 긴장해야 하는 순간은 둥지 밖으로 벗어날 때다. 익숙한 것에서 벗어나 새로운 상황으로 나아가는 그 찰나. 시험을 준비하고 이직을 하고 새로운 동네로 이사를 하고 결혼을 하고 아이를 낳고. 모든 것이 우리에게는 도전이다. 그때마다 넘어지고 다치는 건 그 도전들이 우리의 '마의 11분'이기 때문이다.

파일럿들은 마의 11분, 그중에서도 이륙 후 3분에 모든 집중력을 쏟는다. 모든 돌발 사태를 염두에 두고 맞는 이륙 후 3분. 그들의 긴장감이 극도로 높아지는 순간.

만약 도전을 계획하고 있다면, 새로운 세계로의 비행을 앞두고 있다면 파일럿의 '마의 11분'을 기억할 필요가 있다. 모든 게 잘 될 것이라는 꽃 노래는 1절로 족하다. 이건 나를 향한 충고이기도 하다.

제주 화순곶자왈에서

　제주에 이틀을 더 머물기로 하고 나니 딱히 할 일이 생각나지 않았다. 그토록 하고 싶던 운전도 마음껏 했고 제주의 푸른 바다는 이제 특별한 감흥이 없었다. 제주 바다는 가만히 바라보고만 있어도 눈물이 왈칵 쏟아질 정도로 예뻤지만, 거센 겨울바람 때문에 오랜 시간 밖에서 산책하기 어려웠다.

　서귀포의 한 카페에 앉아서 그간 손을 놓고 있었던 밀린 업무를 정리하곤, 근처에 무엇이 있는지 검색했다. 시끄러운 머리를 비우고 마음을 다스리기 위해 제주에 내려온 만큼 혼자 조용히 생각을 정리할 수 있는 곳이면 좋겠다는 마음이었다. 멀지 않은 거리에 곶자왈이라는 곳이 있었다.

 세계에서 유일하게 열대 북방한계 식물과 한대 남방한계 식물이 공존하는 제주의 독특한 숲이란다. 식물에 대해서는 하나도 모르지만, 그냥 이곳이면 괜찮겠다는 생각이 들었다. 리조트 체크인까지는 꽤 시간이 남아있었다.

 도착해보니 산 중턱에 위치해 가파르지 않고 완만한 지형이었다. 가볍게 산책하듯 걷기에 좋았다. 산새 지저귀는 소리가 울려 퍼지는 공간. 이런 곳에 온 게 언제였더라, 흐릿한 기억을 더듬으며 숲길을 걸었다. 평일이라 그런지 사람이 없어 오롯이 나 혼자만 존재하는 시간이 좋았다.

 산책로가 단단하게 다져진 걸 보아하니 꽤 많은 이들이 오간 듯 한데 나뭇가지는 제멋대로였다. 나뭇가지를 요리조리 피하는 건 꽤 피곤한 일이었다. 가끔 산책로를 가로막고 있어 허리를 숙이고 손으로 헤쳐가며 걸어야 했고, 때로는 바위처럼 큰 돌이 나타나 넘어가기 위해 올라타느라 애를 먹었다. 전망대를 가리키는 이정표가 없는 세 갈래 길이 나올 때면 과연 이 길이 맞는 길인지 고개가 절로 갸우뚱. 올라가는 길은 그리 어렵지 않았지만 왜인지 내려오는 길에는 길을 잃어 한참을 뺑 돌았다.

 행여 발을 헛디디진 않을까, 미끄러지진 않을까, 고심 끝에 밟은 돌이 흔들려 넘어지진 않을까 노심초사했던 곶자왈의 산길. 그러다 문득 그런 생각이 들었다. 산다는 건 산길과 같다고. 내가 가는 길이 맞는 길인지 끊임없이 고민하고 고심하고, 그러다 예상치 못한 돌부리에 넘어지기도 하고, 깊은 골짜기로 미끄러지기도 하는.

그래도 다행인 건 아무리 힘든 산길이어도 끝이 있다는 것이다. 미끄러지더라도 올라갈 정상이 있고 넘어져 잠깐 멈추더라도 내려올 길이 있다. 마치 우리 삶처럼. 굵은 나무가 길을 막고 있고 끝이 보이지 않는 것 같을 수 있다. 맞는 길로 가고 있는지 의아해도 언젠가는 내가 원하던 그 위치에 도착하기 마련이다.

제아무리 가파른 오르막이어도, 그래서 다른 이들보다 느린 속도로 걷게 되더라도. 그렇게 힘겹게 도달한 정상의 바람은 얼마나 맑은가. 내 인생의 도착점은 또 얼마나 행복할까.

만두

 우리는 모두 만두다. 그러니까 우리가 사는 이 세상은 만두찜기라는 의미다.

 조금 더 예쁘거나 못날 수 있지만 그래봤자 만두. 수증기를 듬뿍 받아 촉촉한 누군가와 달리 터져버려 소가 옆으로 튀어나올 수도 있지만 그래봤자 만두. 고기가 들었던, 김치가 들었던, 새우가 들었던 그래봤자 우리는 모두 만두. 어찌되었건 만두라는 건 변함없다.

 쟤보다 내가 조금 더 멀쩡해보여도 자랑 말아야지.
 같은 만두 주제에.

대단한 사람

 친구가 사업을 시작한다. 고맙게도 내게 글을 써달라는 부탁을 했다. 퇴근 후 두 시간 남짓 그가 하고 싶은 일에 대해 찬찬히 들었다. 참 재미있는 일이라는 생각이 들어 흔쾌히 쓰겠다고 대답했다. 시작하고 싶은 일이 있다는 것이 부러웠고, 그 일이 새로운 영역을 개척하는 것이라 멋있었다. 그를 처음 보았을 때 우리는 고작 매일 술만 마시는 20대 중반이었는데 어느새 사장이라는 타이틀을 갖게 된 그가 기특하기까지 했다.

 글을 쓰는 건 어렵지 않았다. 회사소개서와 홈페이지에 들어갈 브랜드 스토리였다. 그가 전하고 싶은 메시지는 분명했고 나는 그저 그의 말을 보기 좋게 다듬는 수준이었다. 요즈음 쌓인 업무에 살짝 지쳐있었지만, 업무와는 확연히 다른 스타일의 글이라 기분 좋게 써 내려갔고 마음에 든다는 답변을 받았다. 수고비로 맛있는 식사를 대접하겠다는 그에게 나는 우리가 그 당시 매주 먹었던 소곱창을 사달라고 말했다.

그는 모르겠지만, 나는 사실 그에게 페이를 받았다. 지갑을 슬쩍하거나 몰래 무언가를 훔친 건 아니다. 그날 그의 말 한마디는 자기소개서 안에 갇혔던 나를 현실로 꺼내주었다. 자기소개서 속 나는 기획력과 구성 능력을 갖춘 사람인데 현실 속에서 나는 무능한 사람으로 살고 있었다는 걸 깨달았다. 내가 쓴 책을 '고작 책 한 권'이라고 생각했었는데 그의 눈엔 '무려 책 한 권'으로 비쳤고, 그의 두서없는 말을 이해하기 쉽게 정리해 되묻는 내게 아낌없는 칭찬을 보냈다.

나는 늘 나에게 야박하다. 굉장히 보잘것없는 존재로 인식한다. 그 누구보다 내 장점을 모르는 사람이었다. 세상에는 훨씬 더 뛰어난 사람들이 많으니까 자연스럽게 스스로를 무시할 수밖에 없었다. 또다시 내게 미안했다. 그래서 적어도 이번 달은 나를 대단한 사람인 양 자랑스러워하기로 다짐했다.

내가 선택할 수 있는 만큼만

 제주에서 돌아오는 비행기를 타던 날, 내게 남은 불안장애의 흔적을 발견했다. 태풍이 올라오고 있었고 제주 동쪽 바다를 지나 동해안을 통과할 예정이었다. 전날부터 오다 말다 반복하는 비와 흐린 날씨에 지인들의 걱정 섞인 메시지가 이어졌다. '여기 괜찮아.' 괜찮은 척 답장을 보냈지만, 그들은 모를 것이다. 내가 얼마나 불안감에 시달렸는지.

 모두가 그럴지 잘 모르겠지만, 나는 무슨 행동을 할 때 타임라인을 정해두는 편이다. 예를 들어 4시 약속이고 이동 시간이 45분가량 소요된다면 나는 늦어도 3시에는 집을 나선다. 혹시라도 지하철이나

버스가 늦게 올 수도 있으니까 여유 시간을 두는 것이다. 그러려면 2시 반까지는 준비를 끝마쳐야 하고, 2시에는 샤워를 해야 한다는 식이다.

 그날도 그랬다. 저녁 8시 20분 비행기니까 늦어도 7시 30분에는 공항에 도착하고 싶었다. 렌터카 업체와 공항까지의 이동 거리와 교통 체증, 셔틀버스 시간 등을 고려해 6시 30분에는 차량을 반납해야 한다는 계획을 세웠다. 정반대에 있는 서귀포에 가지는 않을 예정이니까 어디서든 넉넉히 5시 30분에는 출발을 해야겠다고 생각했다. 어제야 내가 제주도에 와있는 걸 알게 된 동생이 감귤 타르트를 사다 달라고 했으니 동문 시장도 들려야 한다. 그때부터 나의 불안 장애가 시작됐다. '동문시장은 시내에 있는 데다가 사람도 많고 주차도 버거운데 어느 정도 시간을 소요해야 할까? 지금 내가 있는 함덕에서 몇 시에 출발하면 될까?'로 시작되더니 급기야 '비행기가 뜰까? 혹시라도 안 뜨면 어쩌지?'로 이어졌다.

 앞서 말한 내 계획이 플랜A라면 결항될 경우를 대비한 플랜B가 필요한 상황이었다. '공항에 간 이후에 결항이 되면 나는 이 짐들을 들고 어느 호텔에 묵어야 할까? 나처럼 갑작스러운 숙소가 필요한 사람들이 많을 텐데 내가 적당한 가격대에 나쁘지 않은 호텔을 예약할 수 있을까? 택시를 타야 할까? 오늘 결항된다면 내일도 분명 결항이겠지? 그러면 나는 몇 박을 예약해야 할까? 비행기 티켓은 언제로 구해야 할까? 월요일에 예약한 치과는 어떻게 하지? 만약 공항에 가기 전에 결항이 결정된다면 차량 렌트를 연장해야 할까? 원래 묵었던 호텔로 돌아가야 할까?' 그야말로 생각에 생각이 꼬리를 물었다.

그뿐이 아니다. 김포에 도착한 후의 계획도 세워야 했다. '비가 올 텐데 내 가방도 두 개나 되는 데다가 노트북도 들어 있고 타르트 박스가 꽤 부피가 있으니 택시를 타야겠지? 택시 승강장이 어디에 있더라? 몇 번 게이트로 나가야 덜 걸을까? 택시 승강장에 사람이 많으면 어쩌지? 이 짐에 우산까지 들고 서 있을 수 있을까? 게이트를 나설 때 미리 택시를 불러두는 게 나을까? 빨리 안 잡히면 어쩌지? 그래서 오늘 비행기가 뜰까, 안 뜰까? 태풍은 지금 어디쯤 있을까? 제주 공항은 바람이 어느 정도 불 때부터 이착륙을 못 하지? 지금 제주도의 바람은 초속 몇이나 될까?'

거짓말 같겠지만 이 모든 생각이 끊임없이 머릿속을 맴돌았다. 어느 것 하나 결정할 수 없다는 게 너무 불안해서 아무것도 할 수가 없었다. 내가 할 수 있는 거라곤 동문시장에 들러 동생과의 상의 끝에 한라봉 타르트와 애플망고 타르트를 사고, 렌터카 업체와 가까이 있는 이호테우 해변에 와있는 것뿐이었다. 이곳에서는 비행기가 착륙하는 소리를 들을 수 있다. 해안가를 따라 주차를 하고 차 안에서 멍하니 있었다. 앞 유리에 떨어지는 빗방울과 거세지는 파도, 간간히 들려오는 비행기 소리를 들으며.

불안하니까 배도 고프지 않았다. 뭐 하나 제대로 먹지 않은 채 오후 4시가 되도록 나는 멍청하게 고민만 하고 있었다. 확실히 남는 두 시간을 그나마 알차게 쓰고 싶어 차 안에서 노트북을 켰다. 카페를 찾아 움직이는 것도 사치였다. 분명 어느 카페를 갈지, 그 카페에는 콘센트가 있을지, 너무 시끄럽지는 않을지, 테이블이 너무 높거나 낮지는 않을지, 노트북을 켜고 일을 해도 눈치가 보이진 않을지 이런 시답잖은 고민이 더해질 것이 뻔했다.

 계획한 시간에 차량을 반납했고 운 좋게도 바로 셔틀버스를 탔다. 체크인 카운터에서 티켓을 30분 앞당길 수 있는지 확인했고 수수료 없이 변경됐다. 아빠가 공항으로 마중 나온다는 것을 확인하고, 비행기가 무사히 이륙하고서야 내 불안감은 사라졌다.

 신경정신과 선생님에게 말할까 말까 또 한참을 고민하다가 이야기를 꺼냈다. 그날의 난 지나치게 불안했다고. 최근 들어 이렇게 불안함을 느낀 적은 없었다고. 마치 공황장애로 고생하던 그때로 돌아간 것 같았다고. 선생님의 답변은 간단했다.

 "그럴 수 있어요. 거기서 벗어나고 싶다면 할 수 있는 만큼만 고민하면 돼요."
 "할 수 있는 게 없어서 걱정하는 건데요."
 "그러니까 할 수 있는 만큼만 고민하세요. 그 순간 결정하고 선택할 수 있는 만큼만. 민지 씨는 계획을 세워야 하는 사람이잖아요. 그러면 결항되지 않았을 경우의 계획과 결항됐을 경우의 계획까지만 세우는 거죠."
 "결항이 되지 않는다면 비행기를 타고, 결항이 된다면 호텔을 예약한다까지만요? 어느 호텔을 예약해야 할지도 고민하지 않고요? 저는 매 순간의 선택이 최선이고 합리적이었으면 좋겠어요."
 "그러면 어느 호텔을 예약할지까지만 미리 알아보는 거죠. 어차피 고민하는 시점에서는 할 수 있는 게 없잖아요. 호텔을 미리 예약할 수는 없으니까요."

겨울 143

"서울에 도착해서 택시를 타야 할지 버스를 타야 할지도 고민되던 걸요."
"서울에 도착했을 때 비가 올지 안 올지는 아무도 모르는 거잖아요. 비가 오면 택시를 타면 되고, 비가 안 오면 버스를 타면 되죠. 계획을 세웠으면 그대로 행동하면 되는 거예요."
"택시 승강장과 가장 빠르게 연결되는 게이트가 어디인지 몰라서 불안했어요."
"그러면 딱 거기까지만 미리 찾아보세요."

말을 잃었다. 고민이 아니라 걱정을 하고 있던 거구나 싶어서. 그게 내 불안함의 원인이었구나. 일어나지 않은 상황까지 지레짐작으로 간접 경험하고 있었구나.

그날 내가 할 수 있는 건 결항일 경우 예약할 호텔을 알아보는 것까지, 서울에 도착해 비가 온다면 택시를 타겠다는 것까지, 택시 승강장으로 나가는 가장 빠른 게이트는 몇 번인지 확인하는 것까지. 딱 그만큼이었다. 나는 딱 그만큼의 고민과 결정만 하면 되는 거였다. 그 이상은 쓸데없는 걱정과 근심일 뿐이었다.

비행기가 뜨고 안 뜨는 내가 결정할 수 있는 문제가 아니고, 미리 알아본 호텔의 예약이 마감될지 아닐지는 아무도 모르는 일이었다. 만약 예약이 마감된다면 다른 호텔을 예약하면 된다. 서울에 비가 오고 있을지 아닐지, 택시 승강장에 사람이 많을지 적을지 어느 것 하나 내가 선택할 수 있는 부분이 아닌데 난 내가 선택할 수 없어서 불안하다며 발을 동동 굴렸다.

"이거 불안장애나 강박장애, 뭐 그런 건가요? 그러니까 택시 승강장과 가까운 출구가 어디인지 몰라서 불안해하는... 이런 것도요."
"아니요. 전혀요. 여러 가지 유형의 사람들이 있잖아요. 누구는 공항에 몇 시간 전에 가 있는가 하면 누구는 그런 걸 전혀 신경 쓰지 않아서 비행기를 놓치기도 하지요. 그저 민지 씨는 택시 승강장과 가까운 게이트를 미리 알아둬야 하는 사람일 뿐이에요."

성실함은 최고의 무기

 지난밤에는 좋아하는 작가의 글을 구독 신청했다. 매일 꾸준히 연재 노동을 하는 성실한 작가인데 독자인 나는 받아보기만 하는 주제에 게으르기까지 했다. 신청을 차일피일 미루다 보니 봄과 초여름을 모두 지났다. 그의 문체가 그리워 더 미루고 싶지 않았다. 성실함이라는 자극이 필요해진 것도 이유였다.

 그에게 메일을 보낸 적 있다. 작년 일이다. 체력과 창의력, 그리고 소재가 뒷받침되어야 하는 일일 연재를 응원한다, 성실함을 존경한다 등의 내용이었다. 재작년 인스타그램에서 매일 연재해 메일을 보내겠다는 포스트를 보고 의뭉스러운 마음이 들었다는 자기 고백을 더했다.

생각해보니 그 메일을 쓰던 나는 '나도 매일 한 편씩 글을 쓰자'는 다짐을 했던 것도 같다. 쌈밥도 상추 하나만으로는 맛있지가 않다. 깻잎이며 청경채며 그밖에 이름 모를 여러 쌈 채소가 어우러져야 먹는 맛이 난다. 골라 먹는 재미도 있다. '이건 무슨 맛일까?' 혹은 '웩 이건 왜 이렇게 쓰지?'와 같은. 쌉싸름한 상추가 될지, 상큼한 청경채가 될지는 모르는 일이니 우선 글을 많이 쓰고 그 후에 고르자는 생각을 했었다.

앞서 말했듯 나는 게으르다. 계획 세우는 것은 좋아하지만 실행으로 옮기는 건 역량 밖이다. 만약 그날부터 지금까지 매일 하나씩 썼다면 365편 이상의 글이 나왔을 것이다. 지금 나는 수확해 먹을 쌈 채소는 커녕, 뿌릴 씨앗조차 없다.

학창 시절 개근상을 주는 이유가 늘 궁금했다. 매일 학교를 나오는 게 뭐 그리 대단하다는 건지 의문이었다. 어른이 되고 보니 조금은 알 것 같다. 하루도 빠짐없이 학교를 나오는 아이들의 성실함을 인정해야 한다. 성실하다는 건 사람이 타고난 최고의 무기다. 노력으로 대신할 수 없는, 정신력의 영역이다.

특히 나처럼 발등에 불이 떨어져야 뭔가를 하는 사람은 더욱더 범접할 수 없다. 난 개근상을 한 번도 받지 못했다. 아, 한 번은 받았나? 공부도 시험 당일 새벽에서야 벼락치기로 했고 원고도 마감을 하루이틀 앞둔 새벽에야 벼락치기로 쓴다.

성실함은 습관이다. 겨우 상추에 만족하는 사람이 되지 않으려면 텃밭을 가꿔야 한다. 어떤 채소를 기를지 고민하고 결정하는 사람, 씨앗을 뿌리고 매일 물을 주는 사람, 제때 수확하는 사람은 맛있는 쌈밥을 먹을 수밖에 없다.

글쓰기도 마찬가지다. 포기하지 않고 매일 꾸준히. 큰 목표보다는 작은 것들부터 차근히. 알면서도 못하니까 내가 평범한 사람인 거다. 그게 가능했으면 더 큰 사람이 됐겠지.

사랑할 수 밖에

나에게 겨울은
내가 사랑하는 사람들이 태어난
두툼한 겨울 코트 속에 숨을 수 있는
뽀얀 입김이 마구 뿜어져 나오는
하얀 눈꽃 사이로 붉은 동백이 얼굴을 내미는
어둔 밤하늘에 오리온 자리가 빛나는
와인과 과일을 오랜 시간 끓여낸 뱅쇼를 마시는
까만 겨울바다에 부서지는 파도가 예쁜
사랑하는 연인의 코트 주머니에 손을 넣을 수 있는
어느 것 하나 거리낄 것이 없는
사랑할 수 밖에 없는 계절

보잘것없는 안부

고1 방학 때 반 친구들과 함께 야영을 하러 갔었다. 선생님의 지도 아래서 즐거운 시간을 보내며 친구들과 함께 밤하늘을 바라보았던 기억이 있다. 별을 좋아하면서도 북두칠성조차 한 번 못 찾았던 내게 반장이었던 아이가 알려주었던 별자리는 오리온자리였다. 내가 겨울 밤하늘에서 오리온자리를 가장 좋아하는 이유도, 아마 처음으로 보았던 별자리이기 때문일 것이다.

퇴근길에 하늘을 바라보는 것은 나의 버릇이다. 구름이 없는 날이면 서울의 우리 집에서도 오리온자리가 보이곤 한다. 그래도 나는 별을 조금 더 많이 보고 싶어 종종 경인 교대를 찾는다. 날이 맑아

언뜻 올려다본 하늘에 별이 쏟아질 듯 많이 보일 때의 행복은 감히 나의 부족한 말재주로는 표현할 수가 없다.

  오늘 제주가 그렇다. 잠시 들렀던 이호테우 해변에서도, 묵고 있는 호텔 주차장에서도 최근에 이토록 많은 별을 본 적이 언제였는지 잠시 고민하게 할 정도로 많은 별이 빛나고 있었다.

  14년 전, 고등학생 때가 떠오른다. 차마 잠이 오지 않던 그 밤. 친구들 사이에서 행복함으로 가득 차 올려다보았던 그 날 밤하늘. 주변 이들을 잘 못 챙기는 성격을 탓하며 다들 잘 지내고 있는지, 오늘 밤 어떤 생각을 하고 있는지 보잘것없는 안부를 묻고 싶다. 오늘은.

비둘기의 발

 주말이면 이사한 동네를 한 바퀴 도는 취미가 생겼다. 근처 마트를 가거나 편의점을 다녀오는 길에도 괜히 이곳저곳을 기웃거렸다. 언젠가 담벼락 아래 밥그릇이 놓인 것을 본 이후부터다. 밥그릇 앞에 선 여성은 '나비야' 다정한 목소리로 누군가를 불렀고 주차된 차량 아래서 무언가 빼꼼히 고개를 내밀었다. 고양이었다.

 골목마다 고양이를 위한 밥그릇이 놓여 있었다. 고양이들은 사람이 지나가든 말든 식사에 열중했다. 혹은 지나가는 사람에게 거리낌 없이 다가와 다리에 꼬리를 감쌌다. 이전에 살던 동네에서는 보기 힘든 광경이었다.

알고 보니 이곳 사람들은 길고양이에 꽤 친절했다. 지자체에서는 길고양이 중성화 사업을 지원하고 있었다. 가만히 앉아있는 고양이 옆에 멀찍이 자리 잡고 손을 뻗어 등을 쓰다듬는 이들을 쉬이 볼 수 있었다. 고양이도 싫지만은 않은지 거리를 유지하며 등을 내준다. 그래, 지구는 동물과 인간이 함께 공존하는 곳이지. 혹시 고양이가 있을까 싶어 차량 아래나 거리 귀퉁이를 바라보곤 했다.

 그렇게 여러 번 땅바닥에 시선을 꽂다 보니 비둘기가 보였다. 나는 비둘기가 싫다. 도시 생활에 찌든 깃털이라던가 뾰족한 부리와 같은 생김새 때문이 아니다. 다리 때문이다. 비대해진 몸을 지탱하는 얇디얇은 다리 말이다. 비둘기의 발을 보지 못하게 된 건 아주 어렸을 적으로 기억한다.

 골목 어귀를 뒤뚱뒤뚱 걷는 비둘기에게서 알 수 없는 위화감을 느꼈다. 왜지. 자연히 다리에 시선이 갔다. 비둘기의 발이 없었다. 그러니까 비둘기는 한쪽 발이 잘린 채 발목으로 걷고 있었다. 한쪽은 발로, 한쪽은 발목으로 절뚝이며 걷는 비둘기를 본 이후로 비둘기의 다리를 보면 눈을 질끈 감는 버릇이 생겼다.

 눈을 질끈 감는 건 단순히 보기 싫어서일까? 외면하고 싶은 인간의 이기심을 마주하기 때문 아닐까? 지난밤 과음한 인간이 토악질한 것을, 인간이 버려둔 쓰레기 더미를 뒤지는 비둘기가 건강할 리 없다. 비둘기가 먹을 수 없는, 소화할 수 없는 음식물이 허다하겠지. 과다한 유해물질 섭취로 비대해진 비둘기의 뒷모습을 쳐다볼 때마다 인간이 얼마나 유해한 존재인지 생각한다. 인간이 버린 쓰레기

겨울

때문에 발목이 잘린 채 절뚝이는 건 더욱더 보기 버겁다. 새 주제에 날지 않고 걷는다는 손가락질은 비둘기가 아니라, 인간을 향해야 하는 것이 분명하다.

그럼에도 난 여전히 고기를 먹고 일회용품을 사용한다. 지구의 미래를 고민하는 이상과 지구를 망가뜨리는 행동의 괴리 속에서 나도 이 지구에 유해한 존재라는 것을 깨닫는다. 때마다 재활용품 쓰레기를 분리수거하는 것으로 양심의 가책을 조금이나마 더는 우습고도 이기적인 생명.

길고양이가 도둑고양이라는 오명을 벗고 인간과 더불어 사는 이 동네처럼 언젠가는 비둘기와 공존할 수 있는 시대가 오길 바란다. 뚱뚱한 비둘기도, 발목이 잘린 비둘기도 없기를. 새답게 푸른 하늘을 훨훨 날기를. 그리고 내가 조금이나마 지구에 도움이 되는 존재이기를.

행복

 별을 보고 싶었다. 오랜만에 경인교대에 갔는데 구름이 많았다. 별은 코빼기도 보이지 않았다. 아쉬운 마음을 안고 집 근처 카페에서 글을 쓰다 새벽 세 시쯤 집에 돌아왔다. 집 앞에서 문득 올려다 본 하늘에 오리온 자리가 있었다. 휴대폰에 설치된 별자리 어플을 켜 하늘에 댔다. 오리온 자리 아래 반짝이는 시리우스도 보였다. 심장이 마구 뛰었다. 행복은 생각지 못한 순간에 찾아온다, 이렇게.

나에게 쓰는 편지

 너는 자꾸 파고드는 습관이 있었지. 한 번씩 넘어질 때마다, 높은 방지턱을 지날 때마다 자꾸 안으로만 파고들었어. 알 것도 같아, 네 마음을. 누군가에게 힘든 속내를 내비치지 못하는 성격 때문일 거야, 아마. 네가 불안을 밟으며 비틀대던 날들을 다른 사람들은 모르잖아. 그래서 자꾸 너는 너에게 말을 걸었던 걸까? 무엇이 문제인지, 어떻게 해결해야 할지. 대답하는 이 없는 물음을 오랜 시간 되뇌며 그렇게 방 속에서, 구석에서 너는 한참을 웅크리고 있곤 했어.

 조금 더 괜찮은 네가 되길 바라는 네 마음이 너를 아프게 하는 걸지도 몰라. 너를 할퀴고 숨을 옥죄는 게 만드는 건 어쩌면 네 바람이었을 수도 있겠다는 생각을 해. 조금 내려놓아도 괜찮다는 걸 알면서도 그게 참 마음처럼 안 되잖아. 내려놓는다는 건, 생각보다 많은 에너지가 필요한 일이니까.

 이런 말, 네가 절대 입 밖으로 꺼내지 않을 거라는 걸 잘 알아. 이 스스러운 표현을 어찌 네가 네게 건넬 수 있겠어. 그래서 내가 대신 전할게. 네가 너를 다치게 하지 않았으면 좋겠어. 네가 아프지 않기를 바라. 말하기 부끄럽고 글로 쓰기도 쑥스럽지만, 나는 누구보다 너를 사랑하고 아끼고 응원하거든.

Hey Google

"헤이 구글, 나 우울해."
"슬플 땐 그냥 우세요. 펑펑. 제 앞에서는 우셔도 돼요."

참나. 저 조그마한 AI 스피커에게 말을 걸다 못해, 이제 위로를 받고 있다니. 내 꼴이 우스워 피식 입꼬리를 올렸다가 다시 말을 건넸다. 그 위로라도 듣고 싶었다.

"헤이 구글, 나 우울해."
"누군지는 모르겠지만, 발병이라도 콱 나버렸으면 좋겠네요."

이번엔 빵 터졌다.

파도는 부서지기 마련이다

 바람결 따라 여러 겹 넘실대는 파도는 이내 하얗게 부서진다. 깊이를 알 수 없이 청명하던 푸른 빛은 모래와 섞여 혼탁해진다. 당당하던 기세도, 우렁차던 소리도 뭍과 닿으면 발목에 찰랑이는 야트막한 물이 될 뿐이다.

 숨을 콱하고 막을 것 같은, 그리하여 질식해버릴 듯싶은 인생의 여러 거센 파도도 끝내는 겨우 내 발목이나 적시는 물 한 바가지에 불과하다. 뭍에 있다면 버티면 되는 거고, 물속에 있다면 파도를 타고 함께 넘실대면 된다.

 생각보다 별거 아니다.

낙엽이 져야 비로소 행복해지는
Copyright ⓒ 2020 by 전민지

초판 1쇄 2020년 11월 30일

지은이 전민지
편   집 전민지
디자인 노연지 (@monello_rho_o)
펴낸곳 다디단

메일 dadi_dan@naver.com
SNS instagram/dadi_dan

ISBN 979-11-967579-1-5 03810

* 이 책은 저작권법에 따라 보호받는 저작물이므로 무단전재와 무단복제를 금지하며, 이 책 내용의 전부 또는 일부를 이용하려면 반드시 저작권자와 다디단의 서면 동의를 받아야 합니다.
* 이 책의 국립중앙도서관 출판예정도서목록(CIP)은 서지정보유통지원시스템 홈페이지(http://seoji.nl.go.kr)와 국가자료종합목록 구축시스템(http://kolis-net.nl.go.kr)에서 이용하실 수 있습니다. (CIP제어번호 : CIP2020048447)